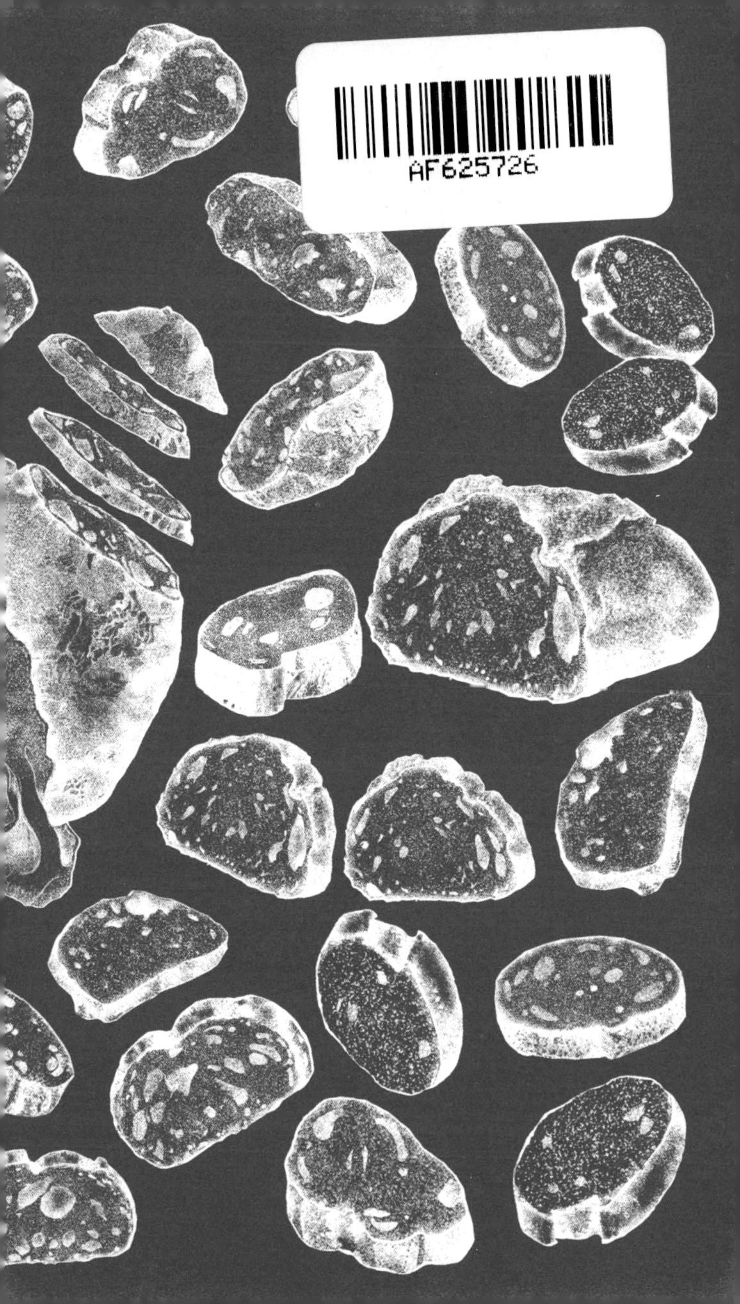

Alessandra De Respinis
Cicchettario

Alessandra De Respinis

CICCHETTARIO
Die legendären Rezepte des Al Bottegon in Venedig.

Mit zahlreichen Federzeichnungen von ROBERTA BONCOMPAGNI. *Übersetzt von* LOTTA ORTHEIL. *Mit einem Nachwort von* HANNS-JOSEF ORTHEIL

DIETERICH'SCHE
VERLAGSBUCHHANDLUNG
MAINZ

Widmung

Dieses Buch widme ich dem Andenken meines Mannes Lino, der – noch ein Junge – Mitte der 1940er Jahre aus dem ländlichen Veneto nach Venedig gekommen war und zusammen mit seinem Vater Sisto und seinen Onkeln die Arbeit in der Weinhandlung *Cantine del Vino già Schiavi* aufnahm, aus der später unser *Al Bottegon* werden sollte. Gemeinsam haben wir mit viel Mühe, Hingabe und Liebe über die Jahre unser Arbeitsleben geführt und unsere Familie gegründet.

Selbst jetzt, nach fünfzig Jahren im Geschäft, schwillt mir das Herz, wenn ein Kunde mir zu einem *cicchetto* gratuliert, und ich bin stolz, eine der letzten venezianischen Traditionen am Leben zu halten und durch Neuerungen zu bereichern.

Ich widme dieses Buch auch meinen Söhnen Fabio, Paolo, Piero und Tommaso, die gemeinsam mit Mimì und Eugenio das Familiengeschäft nun bereits in dritter Generation betreiben, und meinen Enkelinnen Linda und Thea, damit sie eines Tages in Gedanken an ihre Großeltern meine Rezepte ausprobieren können.

Lino auf einem Fass →

Einführung

Ein *cicchetto* ist ein schneller, appetitanregender Happen, der im Stehen gegessen wird. Eine *ombra* ist ein Glas Weiß- oder Rotwein, das man zur Stunde des Aperitifs zu sich nimmt, um sich von der Mittagshitze zu erholen. Ein *bàcaro* ist ein Lokal, wo man ein *cicchetto* probiert, eine *ombra* trinkt und ein Schwätzchen mit Freunden hält. Behaltet diese drei Wörter im Kopf, wenn ihr nach Venedig kommt und durch seine Gassen und Kanäle streift.

Ein *cicchettario* ist eine Sammlung von Rezepten zur Zubereitung von *cicchetti*: traditionelle venezianische *cicchetti*, wie die knusprigen Weißbrotscheiben mit Stockfischmus oder die mit sauer eingelegten Sardinen, hier aber vor allem von mir selbst erfundene *cicchetti* wie die mit Thunfischtartar und Kakao, Erdbeere und Robiola, Gorgonzola und Marmelade aus grünen Tomaten oder Eigelb und Blütenblättern … Deshalb ist dieser *cicchettario* nicht nur ein Kochbuch, sondern auch ein Buch über die Geschichte meines Lebens, meiner Familie und unseres Lokals. Die *Cantine del Vino già Schiavi* wurden Ende des 19. Jahrhunderts im Stadtviertel Dorsoduro eröffnet, wenige Schritte von der Kirche San Trovaso entfernt. Der Eingang befindet sich auf dem gegenüberliegenden Ufer des *rio*, genau am Fuß der Brücke, die die Fondamenta Toffetti mit der Fondamenta Nani verbindet. Es heißt, dass es früher sogar eine überdachte Stelle (*cavàna*) gab, wo das kleine Boot anlegen konnte, in dem die Weinfässer geliefert wurden. Mein Schwiegervater Sisto hat diesen Weinkeller 1945 übernommen und Venedig über zwanzig Jahre lang mit Wein in Glasballons und Flaschen versorgt. Viele *ombre*, aber noch wenige *cicchetti*: mit Sardellenfilet und Zwiebeln, mit Mortadella und grünem Paprika, oder mit gekochten Eiern und Sardellenfilets. Nach dem Tod des Vaters war mein Mann Lino an der Reihe, die alte Weinhandlung fortzuführen. Ich habe ihn zehn Jahre zuvor in der Bar auf der Giudecca kennen gelernt, die er damals zusammen mit einem Freund betrieb. Ich war zu einem Bewerbungsgespräch dorthin gekommen und wurde am 1. Juli 1960, am Tag des Redentore-Fests, eingestellt. Einen Monat später hat er mich ins Kino eingeladen, um den Film *Vacanze Romane* zu sehen (meine Mutter begleitete uns), und am 2. Oktober desselben Jahres haben wir uns verlobt. Im *Bottegon* – wie das Lokal des Vaters damals schon von allen genannt wurde – begann ich 1970 zu arbeiten und ich habe mich sofort mit Leidenschaft den *cicchetti* gewidmet. Mein erstes Experiment waren Weißbrotscheiben mit Thunfisch und Lauch, es folgten Brotscheiben mit Gorgonzola und Walnüssen, dann die mit Ricotta, Walnüssen und Johannisbeeren, und so ging es weiter und weiter, bis es schließlich mehr als achtzig verschiedene Spezialitäten waren. Der Jahreszeit entsprechend wähle ich die Zutaten, probiere neue Kombinationen aus und füge ein bisschen was hier und ein bisschen was da hinzu, je nachdem, was mir Gefühl und Verstand nahelegen. Manchmal lasse ich mich auch von den Farben der Saucen, der Gemüse und der Früchte leiten. *Cicchetti* zuzubereiten ist nicht schwer, aber ihr solltet einige Grundregeln beachten.

Das Brot Es ist die Grundlage der meisten vorgeschlagenen Rezepte. Ihr könnt ein Stangenweißbrot oder -brötchen verwenden, aber ich empfehle das Baguette. Wichtig ist, dass es frisch und knusprig ist (am besten frischgebacken) und dass man es in etwa anderthalb cm dicke Scheiben schneiden kann.

Die Zutaten Versichert euch immer, dass sie frisch und von bester Qualität sind. Hier wende ich mich auch an meine Kollegen, besonders die, die meine Rezepte kopieren wollen: Verkauft niemals liegengebliebene *cicchetti*, esst sie lieber auf oder bietet sie, wie ich es tue, den letzten Gästen des Tages an. Bei vielen *cicchetti* empfiehlt es sich, ihre verschiedenen Bestandteile mit einem Zahnstocher zu fixieren.

Die Mengenangaben Die folgenden Rezepte geben Richtwerte an. Manchmal habe ich mich auf die benötigten Zutaten für ein *cicchetto* beschränkt, manchmal habe ich Mengen zur Zubereitung von zehn angegeben. Die Mengen spielen sich ein mit der Erfahrung und es steht jedem frei, sie nach dem eigenen Geschmack auszutarieren. Ich empfehle jedoch: Seid nicht geizig! Kulinarische Moden sind das eine, das andere ist, was beim Essen schmeckt.

Die Fantasie Seid unermüdlich beim Erfinden neuer *cicchetti*. Kombiniert nach Lust und Laune, um ein gutes Gleichgewicht zwischen den Geschmacksrichtungen zu schaffen: pikant und mild, herb und salzig, würzig und süß. Aber vergesst nicht, dass auch das Dekorative sehr wichtig ist. Wie ihr beim Lesen der folgenden Seiten erkennen werdet, ist die Kunst der *cicchetti*-Zubereitung auch die Kunst des Garnierens.

Ombre und spritz

Um den Wein hat sich immer mein Mann Lino gekümmert. Ich war mit den *cicchetti* und er mit den *ombre* beschäftigt. Neben dem Ausschank war dabei auch immer der Einzelhandel mit großen Korbflaschen und normalen Weinflaschen ein wichtiger Bestandteil unseres Betriebs. Noch heute sind wir einer der bestsortierten Weinläden in Venedig mit unseren mehr als tausend verschiedenen Weinetiketten auf den Flaschen, die in den Regalen ausliegen.

Wie bei den *cicchetti* ist auch bei den *ombre* das Angebot des *Bottegon* im Laufe der Zeit immer vielfältiger geworden. Einst war eine *ombra* entweder rot oder weiß, aber mit den Jahren und der Hilfe eines befreundeten Önologen hat Lino den Weinkeller immer mehr erweitert, indem er neue Produzenten und Rebsorten ausfindig machte. Meine Söhne haben das von ihm übernommen, besonders Tommaso, der immer auf der Suche nach neuen Weinen ist und stets bestens über die Neuheiten in diesem Bereich informiert ist, vom Debüt eines neuen Winzers bis hin zu einer neuen Traubenkreuzung. Er hat auch die Zuordnungen der Weine zu den *cicchetti* in diesem *cicchettario* vorgenommen.

Einen eigenen Hinweis verdient der *spritz*. Vor zehn Jahren hat eine Werbekampagne von Aperol diesen traditionellen Cocktail Venedigs wieder in Mode gebracht. An der Theke des *Bottegon* wird er jedoch schon spätestens seit der Nachkriegszeit serviert. Natürlich in der venezianischen Version: 1/3 Weißwein, 1/3 *bitter*, 1/3 Selterswasser und Zitronenschale. Mit *bitter* meine ich Aperol (den gebräuchlichsten), Campari (den stärksten) oder Select (den teuersten). Letzterer wurde erst vor 100 Jahren in Venedig kreiert und lange Zeit auf der Insel Murano destilliert, wo auch die Flaschen geschliffen wurden. Auch wenn meine Kunden dazu neigen, Aperol oder Campari vorzuziehen, bestellen die Venezianer weiterhin *spritz* mit Select oder, eher seltener, mit einem weiteren venezianischen Prachtstück: Cynar. Auch Lino hatte einen recht erfolgreichen Cocktail erfunden, den wir für 50 Lire je Glas verkauften. Er hatte ihn *casalingo* getauft und er enthielt neben einem Schuss Selterswasser gleiche Teile an Martini, Gin und einer dritten Zutat, die er mir nie verraten hat – mit dem Ergebnis, dass ich es nicht mehr hinbekommen habe, ihn zuzubereiten. Neben *ombre* und *spritz* haben die Kunden des *Bottegon* gerne auch ein Glas *brandy* bestellt. Heute passiert es mir selten, dass ich ihn an einen Touristen ausschenke.

Ohne einem *spritz* oder einem Likör etwas zu nehmen, ist und bleibt der wahre Protagonist eines *bàcaro* jedoch immer der Wein. Es spielt keine Rolle, ob es sich dabei um einen Malvasia (die älteste in Venedig getrunkene Sorte), einen Ribolla, einen Valpolicella oder einen Prosecco handelt.

Ein *cicchetto* hat keinen Sinn ohne *ombra* und eine *ombra* hat keinen Sinn ohne ein *cicchetto*.

Mein Garten

Auch ich habe einen geheimen Garten. In Venedig gibt es fast fünfhundert solcher Gärten, die durch die Mauern der Häuser gut versteckt sind. Selbst von der Spitze des Campanile von San Marco aus sind sie nicht leicht zu erkennen und dennoch sind sie in jedem Stadtteil zu finden. Einige sind öffentlich (wie der Garten von Ca' Rezzonico, wohin ich meine Enkelinnen zum Spielen bringe), aber der Großteil ist privat. Ich weiß nicht, ob es an dem feuchten Klima und den milden Temperaturen liegt – feststeht, dass sie alle sehr grün sind und sich ihre Düfte im Frühling in der Stadt verbreiten.

Mein Garten ist mein Zufluchtsort seit fast fünfzig Jahren, als es meinem Mann und mir nach einer Zeit vieler Entbehrungen gelungen ist, ihn zu erwerben. Er gehörte zum antiken Palazzo Barbarigo, der sich gegenüber der Gondelwerft San Trovaso befindet, und war sich selbst überlassen, übersät mit Holunderbüschen; nur eine einzige schmächtige Passionsblume hatte es geschafft, sich ihren Weg aus Unkraut und Gestrüpp zu bahnen, indem sie die Umfassungsmauer erklomm.

Es blieb uns nichts anderes übrig, als die Ärmel hochzukrempeln und an die Arbeit zu gehen. Ich muss allerdings zugeben, dass es eine süße Anstrengung war, weil dieser kleine Urwald eine Oase der Ruhe war, wo ich Schutz vor dem Lärm der Touristen und der Stadt fand (noch heute bin ich dort, sobald ich eine freie Minute habe, um zu säen, zu pflanzen, zurückzuschneiden und zu gießen). Nach und nach habe ich es mit Enthusiasmus und Geduld erreicht, meinem Garten die Form zu geben, die er heute hat. Meine erste Pflanze war eine Palme, die heute höher als sechs Meter ist und sich in der Mitte der Wiese befindet; kurz danach gefolgt von zwei Erdbeertraubenreben und einigen Obstbäumen: einer Jujube mit roten Dattelfrüchten, einem Pfirsichbaum, drei Granatapfelbäumen, vier Zitronen- und drei Olivenbäumen, die mir im November eine reiche Ernte schenken.

Später sind ein Gewürzstrauch – der erste, der im Winter blüht und seinen berauschenden Duft verbreitet –, einige Kletterpflanzen wie der Jasmin, die Glyzinie und die Bougainvillea, verschiedene Hortensiensträucher, Azaleen und Oleander sowie zahlreiche Rosen verschiedener Arten dazugekommen, von denen zwei aus London stammen; natürlich neben vielen saisonalen und Zwiebelblumen wie Tulpen, die ich sehr liebe. Ich hatte einmal einen kleinen Teil des Gartens für ein Gemüsebeet reserviert – wer noch nie frisches Gemüse geerntet hat, kann nicht verstehen, wie viel Befriedigung das einem geben kann –, wo ich Tomaten, Zucchini und sogar Kürbisse angepflanzt habe. Das hat jedoch zu viel Zeit in Anspruch genommen und so habe ich nach und nach das Gemüse durch Blumen ersetzt. Als passionierte Köchin habe ich jedoch nie die Gewürzpflanzen aufgegeben, die ich in verschiedenen Rezepten verwende: Rosmarin, Salbei, Thymian, Oregano, Minze und Basilikum, aus dem ich ein Pesto zubereite, das meine Enkelinnen lieben.

Alles in allem habe ich einen farbenfrohen und duftenden Garten in allen Jahreszeiten. Neulich habe ich auch eine Zitrusfrucht australischen Ursprungs namens *finger lime* gepflanzt. Voller Hoffnung warte ich darauf, dass sie ihre ersten Früchte trägt. Wenn meine Geduld – die wichtigste Tugend des Gärtners – belohnt wird, verspreche ich, dass ihr im *Bottegon* ein *cicchetto* mit Limettenkaviar finden werdet.

REZEPTE

Acciughe e cipolline

Sardellenfilet und Perlzwiebeln

DIESES *cicchetto* ist nicht nur das erste in der alphabetischen Reihenfolge, sondern es ist auch traditionell venezianisch und hat im *Bottegon* nie gefehlt, seit die Familie meines Schwiegervaters die alte Weinhandlung *Schiavi* 1945 übernommen hat, die ich heute mit meinen Söhnen Paolo, Piero und Tommaso führe. Es braucht dazu nur zwei Zutaten: ein in Öl eingelegtes Sardellenfilet und eine kleine, in Essig eingelegte Perlzwiebel, die zusammen auf einem Zahnstocher aufgespießt werden. Dieses *cicchetto* ist nicht nur im Handumdrehen zubereitet, es wird auch blitzschnell gegessen. Erinnert euch daran, dass man das *cicchetto* in Venedig an der Theke isst, während man ein Schwätzchen hält und eine *ombra* Wein trinkt. Und wenn wir schon bei den *ombre* sind, empfehle ich, ein Glas trockenen und fruchtigen Wein dazu zu trinken.

Pinot grigio

Aringa affumicata e misticanza

Geräucherter Hering mit Pflücksalatblättern

FÜR DIESES REZEPT empfehle ich euch, die geräucherten Heringsfilets schon gehäutet und vakuumverpackt zu kaufen, wie sie in vielen Lebensmittelläden erhältlich sind. Weicht sie etwa eine Stunde lang in Milch ein, bevor ihr sie weiterverwendet, oder spült sie zumindest gut unter fließendem Wasser ab, um ihren Geschmack etwas abzumildern. Tupft sie mit Küchentuch ab, schneidet sie in dünne Streifen und belegt damit etwa zehn Weißbrotscheiben (geröstet, wenn ihr es so lieber habt) zusammen mit ein paar Pflücksalatblättern. Würzt mit reichlich gemahlenem Pfeffer und einigen Tropfen Balsamico-Essig (cremig). Zusätzlich könnt ihr das Ganze mit Orangenzesten oder ein paar geschnittenen Lauchringen garnieren.

Sauvignon

Baccalà Stockfisch

DIESES klassischste *cicchetto* Venedigs erfordert eine sehr lange Zubereitung! Der Stockfisch (luftgetrockneter Kabeljau) muss nämlich geklopft, eingeweicht (24–36 Stunden, in denen man mehrmals das Wasser austauscht) und dann von Gräten und Haut befreit werden. Anschließend gibt man ihn in kochendes, gesalzenes Wasser und lässt ihn darin garen, bis er an die Wasseroberfläche kommt. Wenn er abgekühlt ist, wird er zerpflückt und mit langsam hinzugegebenem Olivenöl extra vergine gerührt – ähnlich wie bei der Zubereitung von Mayonnaise –, bis er eine cremeartige und kompakte Konsistenz annimmt. Würzt das Mus nach Gusto mit Knoblauch, Petersilie und Salz. Es ist euch bestimmt aufgefallen, dass es sich um ein aufwendiges Rezept handelt. Daher gebe ich euch einen Tipp: Zuerst probiert ihr es bei mir, dann geht ihr zur historischen Rosticceria *Gislon* in der Calle de la Bissa und kauft dort das Stockfischmus, mit dem ihr eure Weißbrotscheiben bestreicht.

Manzoni Bianco, Tocai Rosso

Baci di dama salati

Salzige Damenküsse

VERKNETET zunächst 100g Weichweizenmehl Typ 00, 75g gehackte Pistazien (oder geröstete Haselnüsse), 100g weiche Butter, 50g Parmesan, 50g reifen Pecorino und genügend Salz. Sobald die Zutaten gut vermengt sind, formt ihr mit den Händen eine Kugel, schlagt diese in eine Frischhaltefolie ein und lasst sie im Kühlschrank 15–30 Minuten ruhen. In der Zwischenzeit bereitet ihr die Füllung vor: Mixt 100g Mortadella und 100g Robiola, bis ihr ein körniges Mus erhaltet. Formt nun aus dem zuvor hergestellten Teig etwa 20 Bällchen mit einem Durchmesser von 3cm, setzt sie mit Abstand auf ein mit Backpapier ausgelegtes Backblech und drückt sie etwas platt. Backt sie nun 15 Minuten bei 175 Grad und lasst sie abkühlen. Gebt dann jeweils auf eine Hälfte etwas von der Füllung und verwendet eine weitere Hälfte als Deckel. Garniert jeden *bacio* mit gehackten Pistazien (oder Haselnüssen) und euer salziges Gebäck ist fertig.

Raboso fiore

Brie con crema di ortiche

Brie mit Brennnesselcreme

BRENNNESSELN sind nicht nur ein Unkraut, sondern auch – wie Hopfen, Taubenkropf-Leimkraut und wilder Mohn – eine wertvolle Zutat in der Küche. Zum Glück sind die Landschaften des Veneto im Frühling voll von diesen blühenden Kräutern und sie werden in Bündeln auf dem Markt angeboten.

Für die Zubereitung dieses *cicchetto* genügt es, 500g Brennnesselblätter zu blanchieren und sie zusammen mit 100g Parmesan, einer Hand voll Pinienkernen, Salz und Olivenöl extra vergine zu pürieren. Wenn ihr jedoch keine Lust habt, auf Brennnesseljagd zu gehen oder nicht im Veneto wohnt, wo man sie leicht bekommen kann, könnt ihr eine der guten fertig zubereiteten Cremes kaufen, die es auf dem Markt gibt. Komponiert die *cicchetti* wie folgt: eine Scheibe Weißbrot, ein kleines Stück Brie, ein Esslöffel Brennnesselcreme, ein zweites kleines Stück Käse, etwas Pfeffer und euer *cicchetto* ist bereit, mit einer *ombra* Weißwein gekostet zu werden.

Verdiso

Brie, pomodori e acciughe

Brie, Tomaten und Sardellenfilet

MEHR ALS die Hälfte der Rezepte in diesem *cicchettario* kann in wenigen Minuten zubereitet werden und erfordert nichts weiter als ein wenig Fantasie beim Kombinieren der Aromen, wie bei diesem *cicchetto*. Zuerst legt ihr auf die knusprige Brotscheibe eine Scheibe Tomate (wenn ich kann, verwende ich lieber lokale Produkte und in diesem Fall versuche ich, Tomaten zu bekommen, die entlang der Küste von Cavallino angebaut werden); dann fügt ihr ein kleines Stück Brie (oder Camembert, wenn ihr einen etwas stärkeren Geschmack mögt) und ein in Öl eingelegtes Sardellenfilet hinzu, das ihr vorher gut abtropfen lasst. Würzt mit frisch gemahlenem Pfeffer.
Nun probiert und sagt mir, ob der milde Geschmack des Bries, der säuerliche Tomatengeschmack und der salzige der Sardelle sich nicht in Perfektion vermählen.

Silvaner

Carpaccio di polpo e sedano

Oktopus-Carpaccio mit Stangensellerie

GART einen gut gewaschenen Oktopus in mit Gewürzen (Oregano, Basilikum, ein paar Lorbeerblätter) angereichertem Wasser (etwa eine Stunde lang) und lasst ihn in der Kochflüssigkeit abkühlen. Lasst ihn abtropfen, schneidet ihn in 4–5 Stücke und presst ihn in eine Plastikflasche, von der ihr den Hals abgeschnitten und den Boden durchstochen habt. Presst den Oktopus mit einem großen Gewicht und bewahrt ihn 24 Stunden lang im Kühlschrank auf, holt ihn dann aus der Flasche und schneidet ihn in dünne Scheiben. Wenn ihr diesen langwierigen Prozess nicht ausprobieren wollt, könnt ihr im Feinkostladen fertiges Carpaccio kaufen. In diesem Fall reicht es aus, wenn ihr eure Weißbrotscheiben dünn mit Mayonnaise bestreicht (ich erkläre euch auf Seite 87, wie das geht), jede mit zwei Scheiben Oktopus-Carpaccio belegt und einen Teelöffel gehackten Stangensellerie darüberstreut, angemacht mit Olivenöl extra vergine, Salz und Pfeffer.

Soave

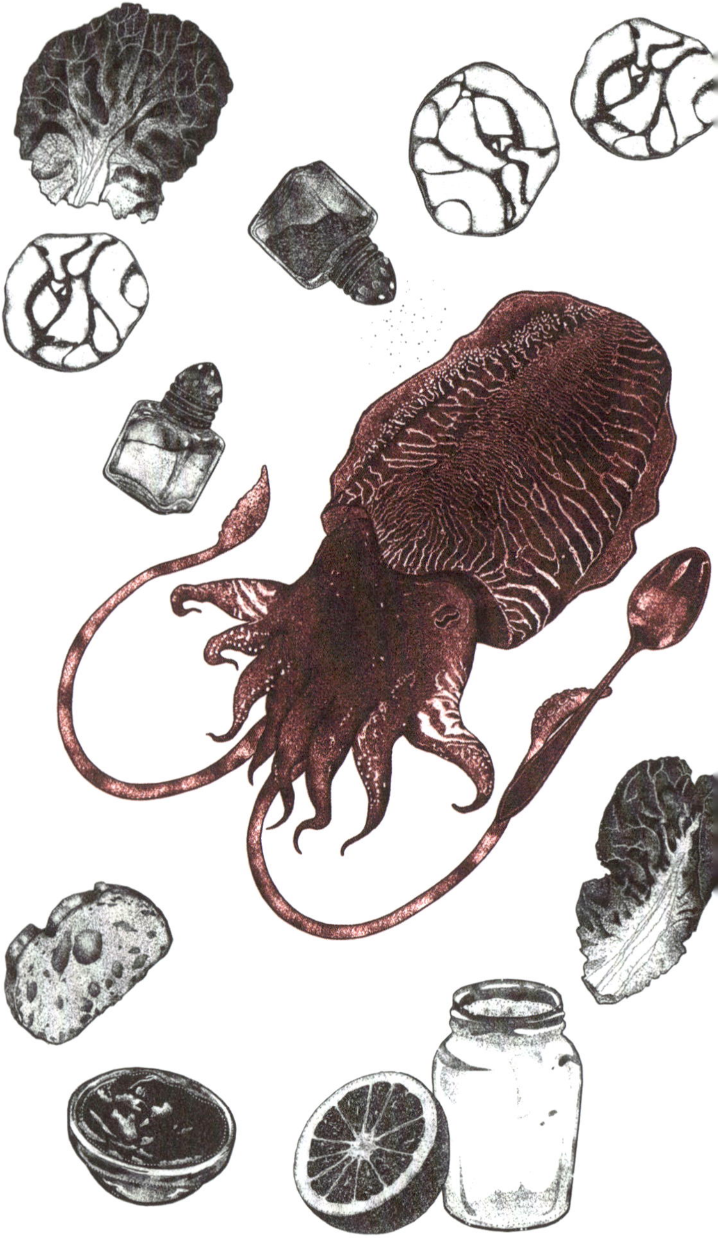

Carpaccio di seppie in nero

Tintenfisch-Carpaccio

BEI diesem Rezept habt ihr zwei Möglichkeiten der Zubereitung. Die erste ist komplizierter und erfordert Zeit: Gart drei oder vier zum Kochen vorbereitete Tintenfische (*seppie*) mittlerer Größe, lasst sie abtropfen, presst und kühlt sie wie im vorherigen Rezept beschrieben und schneidet sie dann in dünne Scheiben.

Die zweite Möglichkeit ist einfacher: Kauft das Tintenfisch-Carpaccio bereits vorbereitet. Bestreicht die *cicchetti* dünn mit Orangenmayonnaise (wenn ihr sie selbst nach meiner Beschreibung im Rezept *Insalata russa con gamberetti* zubereiten wollt, müsst ihr den Zitronensaft durch Orangensaft ersetzen), legt auf jedes ein Kopfsalatblatt und zwei Scheiben Carpaccio. Würzt mit Salz, Pfeffer und einem Tropfen Ketchup, um dem Ganzen ein wenig Farbe zu geben. Eine etwas neuere Version? Brot, Carpaccio, in Öl eingelegten Queller und eine Johannisbeere. Ich empfehle dazu einen leicht aromatischen Wein.

Malvasia istriana

Cetrioli e ricotta

Gurken und Ricotta

DIES IST ein sommerliches *cicchetto*, frisch, leicht und kalorienarm! Schneidet zwei frische Gartengurken in etwa 2cm dicke Stücke (legt dabei jeweils ein Stück zur Seite, um es in dünne Scheiben zu hobeln, die später zur Dekoration dienen) und höhlt diese in der Mitte aus. Mischt das gewonnene Fruchtfleisch mit 200g Ricotta, Salz und Pfeffer. Mit dieser Creme füllt ihr nun das Innere der Gurkenstücke. Schließlich garniert ihr das Ganze mit den hauchdünnen Gurkenscheiben und einigen frischen Johannisbeeren, die ihr in Venedig bei einem der hervorragend sortierten Obststände des Rialtomarktes kaufen könnt.

Bianco di Custoza

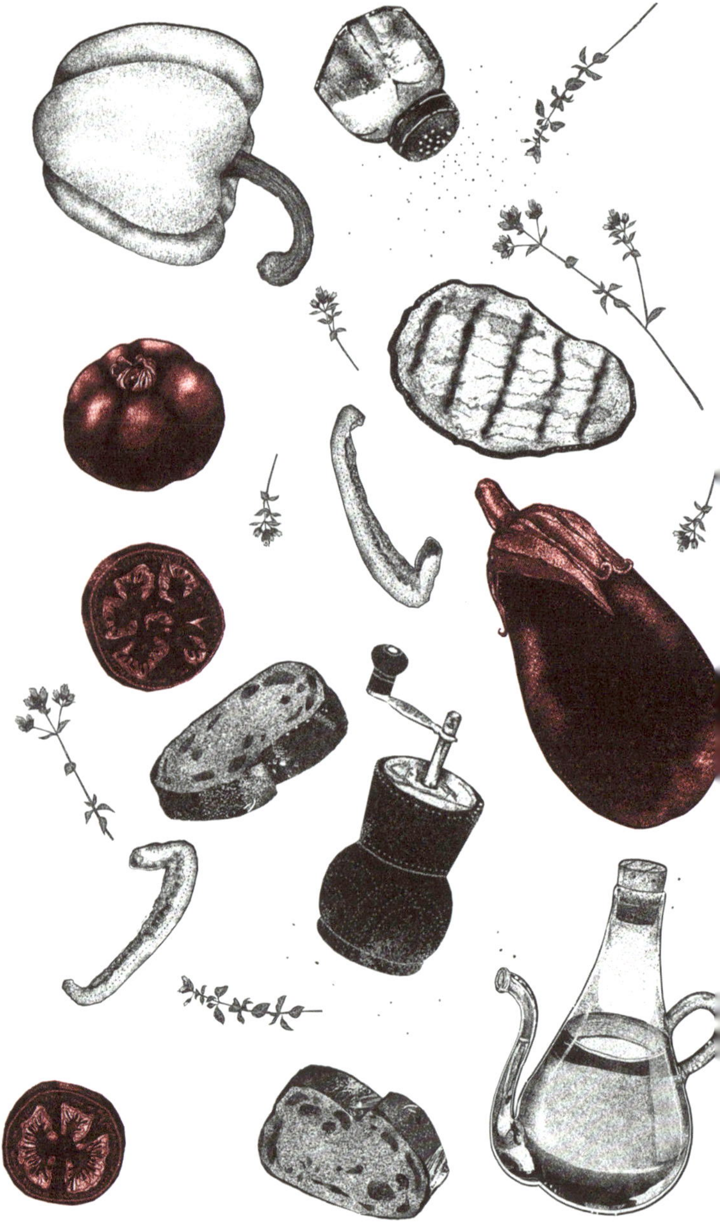

Cicchetto mediterraneo *Mediterranes Cicchetto*

AUCH IM *Bottegon* nimmt die Zahl der Kunden, die Vegetarier oder Veganer sind, kontinuierlich zu. Warum sie also nicht mit einem *cicchetto* auf reiner Gemüsebasis zufrieden stellen?

Röstet eine halbierte und entkernte gelbe Paprika auf dem Grill oder bei größter Hitzestufe im Backofen, zieht die Haut ab und schneidet sie in Streifen; schneidet eine Aubergine in Scheiben und grillt sie; wascht eine San-Marzano-Tomate und schneidet auch diese in Scheiben.

Ordnet nun die Gemüse so wie es euch gefällt auf den im besten Fall gerösteten und leicht mit Olivenöl bestrichenen Weißbrotscheiben an. Beträufelt sie mit Olivenöl extra vergine, würzt mit Salz, Pfeffer und Oregano, garniert sie mit ein paar Kapern und eure vielfarbige Bruschetta ist fertig. Beim Erfinden veganer oder vegetarischer *cicchetti* könnt ihr nach Lust und Laune jedes Gemüse der Saison verwenden, in welcher der Rialtomarkt von verschiedensten Düften und Farben überquillt.

Prosecco extra brut

Cicchetto mimosa

Mimosen-Cicchetto

DIE MIMOSE ist in Italien nicht nur eine Pflanze mit kleinen duftenden Blüten, blühende Mimosenzweige werden auch mit symbolischer Bedeutung am 8. März an die Frauen verschenkt. An diesem besonderen Tag im Jahr könnt ihr euch sicher sein, dass ihr im *Bottegon* dieses sehr gelbe *cicchetto* auf der Basis von Sardellen, Thunfisch und Ei vorfinden werdet.

Zuerst püriert ihr dafür 20g Kapern, zehn gut abgetropfte, in Öl eingelegte Sardellenfilets und eine Hand voll Petersilie. Fügt dieser Mischung nun 150g zerdrückten in Öl eingelegten Thunfisch und zwei gekochte Eigelbe bei, vermischt dann das Ganze mit ein oder zwei Esslöffeln Mayonnaise. Bestreicht die Weißbrotscheiben schließlich mit dieser Creme und garniert mit zwei zerbröckelten und mit der Gabel zerdrückten, gekochten Eigelben, um den Mimoseneffekt zu erzielen. Ideal, um den Weltfrauentag zu feiern und mit einem Glas Prosecco anzustoßen!

Prosecco rosé

Cicchetto vegetariano

Vegetarisches Cicchetto

GROSSEN EINDRUCK bei kurzer Vorbereitungszeit macht zuverlässig diese knusprige Weißbrotscheibe mit Brennnesselcreme, Karottenpüree und Trüffelpaste. Ich habe euch bereits erklärt, wie man die Brennnesselcreme zubereitet (s. Seite 27). Für das Karottenpüree püriert ihr drei oder vier gekochte und in Stücke geschnittene Karotten, ein wenig Olivenöl extra vergine, einen Schuss Zitronensaft, ein paar Blättchen Petersilie sowie genügend Salz und Pfeffer. Ihr könnt die verschiedenen Farben anordnen, wie es euch Spaß macht, und werdet dabei immer ein ansprechendes Resultat erzielen. Zur Steigerung des Geschmacks gebt ihr einige Balsamicoperlen über die drei Cremes, eine italienische Köstlichkeit, die in den besten Restaurants verwendet wird und im Fachhandel erhältlich ist.

Prosecco extra brut

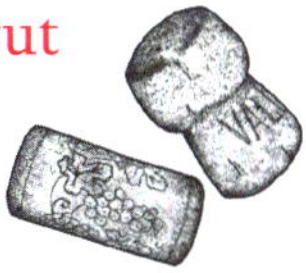

Cimette di cavolfiore in salsa piccante

Blumenkohlröschen in pikanter Sauce

FANGT MIT der Sauce an: Reinigt eine schöne rote Paprika von ihren Kernen und Fäden, grillt und häutet sie, püriert sie dann mit etwas Olivenöl extra vergine, einer halben Knoblauchzehe, einer Prise Salz, gemahlenem Pfeffer und einem Teelöffel Paprikapulver pikant (wenn ihr es etwas schärfer mögt, wagt es, das Paprikapulver durch ein paar Tropfen Tabasco oder eine Prise Cayennepfeffer zu ersetzen) mit dem Mixer. Bestreicht nun die Weißbrotscheiben mit einer Schicht Sauce, belegt sie mit ein paar rohen Blumenkohlröschen, fügt einen weiteren Teelöffel Sauce hinzu und garniert abschließend mit einem Blättchen Kopfsalat. Wenn ihr mit vielfältigen Farben überraschen wollt, könnt ihr eine gelbe anstelle der roten Paprika und einen violetten Blumenkohl aus Sizilien anstelle des weißen verwenden – ein wahres Meisterwerk der Natur! –, aber in jedem Fall solltet ihr dieses *chicchetto* mit einem Glas Weißwein genießen, das den Gaumen erfrischt.

Sauvignon

Cipolle in saór con aringa

Sauer marinierte Zwiebeln mit Hering

DIE sauer marinierten Zwiebeln sind ein Hauptbestandteil unserer Küche und bilden die grundlegende Zutat vieler sowohl einfacher als auch aufwendiger *cicchetti*. Wenn ihr in die Geheimnisse der traditionellen venezianischen Kochkunst vordringen möchtet, müsst ihr diese Form der Zubereitung kennenlernen und ausprobieren: Schneidet 1kg Zwiebeln in dünne Scheiben und bratet sie auf niedriger Flamme mit ein wenig Olivenöl extra vergine an. Wenn die Zwiebelringe leicht golden sind, gebt ihr Salz und Pfeffer hinzu. Löscht die Zwiebeln mit einem halben Glas Weißweinessig ab, lasst sie köcheln, bis die Flüssigkeit verdunstet ist, und dann abkühlen. Nun arrangiert ihr das *cicchetto*: ein Esslöffel der marinierten Zwiebeln auf die Brotscheibe häufen und darauf ein kleines Stück geräucherter Hering. Zu guter Letzt streut ihr reichlich Pfeffer darüber und dekoriert mit etwas gehacktem Schnittlauch.

Lugana

Crema al rafano e chicchi di melograno

Meerrettichcreme und Granatapfelkerne

WASCHT etwa 200g Meerrettichwurzel (auch Kren genannt) unter fließendem Wasser, kratzt die Schale mit einem Messer ab und reibt zwei großzügige Esslöffel davon in eine Schüssel. Vermischt nun den Meerrettich vorsichtig mit 200g Robiola oder, wenn ihr das lieber mögt, mit Ricotta (leichter und weniger Kalorien), bis ihr eine gleichmäßige Creme erhaltet, mit der ihr etwa zehn Weißbrotscheiben bestreicht. Ein paar Granatapfelkerne und einige Tropfen Balsamico-Essig (cremig) sind der letzte Schliff.

Vielleicht erscheinen euch die Zutaten als zu gegensätzlich in ihren Geschmacksrichtungen, aber ich versichere euch, dass die beißende Schärfe des Meerrettichs gemildert durch den säuerlichen Geschmack der Granatapfelkerne eine Freude für euren Gaumen ist. Wenn es nicht die Saison der Granatäpfel ist, könnt ihr ein paar Johannisbeeren oder Orangenschale verwenden oder … nur zu, experimentiert auch ihr mit weiteren Zutaten!

Chardonnay

Crema di asparagi, zucchine e pomodori secchi *Spargelcreme, Zucchini und getrocknete Tomaten*

BEIM Durchblättern dieses *cicchettario* werdet ihr bemerkt haben, dass der beste Freund von jemandem, der *cicchetti* zubereiten möchte, der Küchenmixer ist. Füllt ihn dieses Mal mit etwa 20 grünen, in salzigem Wasser (etwa zehn Minuten lang) gekochten Spargelspitzen, etwas Olivenöl extra vergine, Salz und Pfeffer und … stellt ihn an! Schneidet nun zwei Zucchini längs in dünne Scheiben, lasst sie mit etwas Salz bestreut eine viertel Stunde ruhen und grillt sie beidseitig ein paar Minuten lang. Bestreicht in der Zwischenzeit die Weißbrotscheiben mit einer Schicht Spargelcreme und legt dann die gegrillten Zucchinischeiben darauf. Schmeckt mit Salz und Pfeffer ab und dekoriert das Ganze mit ein oder zwei getrockneten Tomatenstückchen.

Vespaiolo

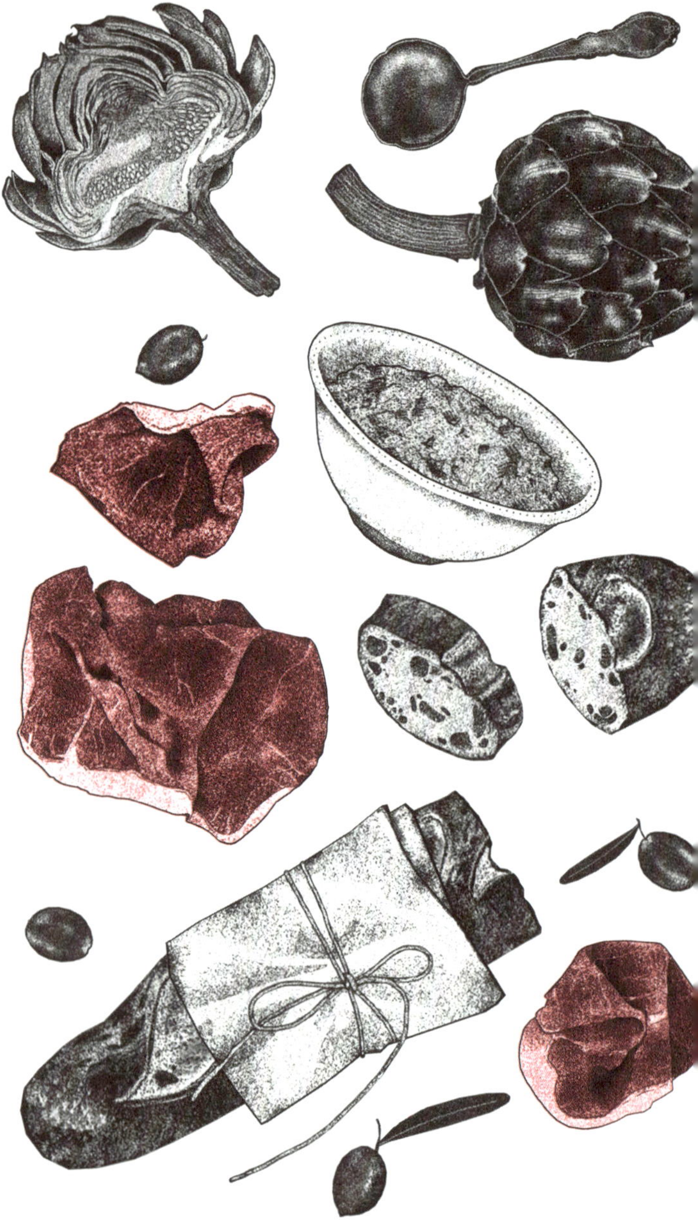

Crema di carciofi, prosciutto cotto e olive verdi *Artischockencreme, gekochter Schinken und grüne Oliven*

FÜR ZEHN dieser *cicchetti* braucht ihr etwa 100g Artischockencreme, 100g dünn geschnittenen gekochten Schinken und 150g entsteinte grüne Oliven zum Verzieren. Die Weißbrotscheiben müssen mit den Zutaten genau in der Reihenfolge belegt werden, in der ich sie eben angegeben habe. Es ist nicht schwer, sehr gute, bereits fertige Artischockencremes im Handel zu finden, aber wenn ihr im Frühling in Venedig seid, versucht sie selbst zuzubereiten, und verwendet dabei die Sorte *violetta*, die auf der Insel Sant'Erasmo angebaut wird. Es handelt sich dabei um sehr zarte Artischocken, die leicht zu reinigen sind: Ihr müsst nur ihre äußeren und stachligen Blätter entfernen, sie in ein gesäuertes Wasserbad mit Zitronenscheiben geben, für etwa 20 Minuten kochen und mit Olivenöl extra vergine, Salz, Pfeffer und reichlich Petersilie im Mixer pürieren.

Pinot nero

Crema di formaggi alla rucola

Käsecreme mit Rucola

DIE ZUBEREITUNG dieses *cicchetto* besteht im Wesentlichen aus der einer Creme. Und das Verfahren ist sehr einfach: Püriert mit dem Mixer 200g gut gewaschene Rucolablätter und 100g Parmesan (Parmigiano Reggiano), und rührt 100g Mascarpone und 200g Ricotta dazu. Schmeckt alles mit einer Prise Salz und gemahlenem Pfeffer ab. Wenn eure Creme eine einheitliche Konsistenz hat, bestreicht die Brotscheiben damit und garniert sie mit einem dünn gehobelten roten Radieschen zum Hervorheben der Farbe. Jeder Käse passt zu einem anderen Wein: Parmesan zu einem Sangiovese, Ricotta zu einem Soave und Mascarpone zu einem Orvieto (um nur einmal drei Beispiele von den vielen Möglichkeiten zu nennen). Aber zu dieser Käsecreme mit Rucola empfehle ich euch ein Glas …

Ribolla gialla

Crema di radicchio e primosale

Radicchiocreme mit Primosale

BEI DER Zubereitung dieser Radicchiocreme empfehle ich euch, Radicchio aus Chioggia zu verwenden (*rosa de Ciosa* auf venezianisch), weniger hochwertig aber mit intensiveren Farben als Radicchio aus Treviso. Einer reicht für etwa 15 *cicchetti*. Entfernt die äußeren Blätter, schneidet ihn in Streifen, die ihr dann wascht und bei hoher Hitze etwa zehn Minuten mit einem Tropfen Olivenöl extra vergine, einer Prise Salz und Pfeffer anbratet. Wenn er gut abgetrocknet ist, püriert ihn mit dem Mixer bis ihr eine einheitliche Creme von intensiver violetter Farbe erhaltet. Legt jetzt auf jede Weißbrotscheibe ein Stückchen von dem sizilianischen Frischkäse Primosale, bedeckt dieses mit einem Esslöffel Radicchiocreme und streut Pfeffer und Sesamsaat darüber. Ihr werdet bemerken, dass das Resultat Auge und Gaumen zufriedenstellt.

Chardonnay

Crema di spinaci e pomodorini gialli

Spinatcreme und gelbe Datteltomaten

WENN IHR in der Auslage des *Bottegon* ein leichtes und vegetarisches *cicchetto* sucht, lasst euch von der gelben Farbe der Datteltomaten leiten und probiert dieses hier. Ich bereite es folgendermaßen zu: Nachdem ich 400g Spinat geputzt und unter fließendem Wasser gewaschen habe, brate ich ihn für 10–15 Minuten mit einem Esslöffel Olivenöl extra vergine, einer Knoblauchzehe, Salz und Pfeffer in der Pfanne. Nach Ende der Bratzeit püriere ich ihn rasch mit dem Mixer, gebe ihn in eine Schüssel und vermische ihn mit 250g Robiola und 50g Parmesan. Wenn die Mischung eine einheitliche und cremige Konsistenz hat, verteile ich sie auf den Weißbrotscheiben und lege zum Schluss in die Mitte jeder Scheibe eine gelbe Datteltomate, süßer und außergewöhnlicher als die roten. Leichtes *cicchetto*, leichter Wein.

Falanghina

Sale

Crema di zucca, robiola e parmigiano

Kürbiscreme, Robiola und Parmesan

IM HERBST könnt ihr sicher sein, im *Bottegon* ein *cicchetto* mit Kürbiscreme vorzufinden. Früher fuhr ich selbst jedes Jahr nach Doberdò del Lago, in die Talmulde der Provinz Gorizia, um ein paar große Kürbisse zu kaufen, die von lokalen Produzenten angebaut werden. Heute begnüge ich mich damit, die besten Kürbisse beim Obstboot um die Ecke oder bei den Ständen am Rialtomarkt auszusuchen. Kommen wir nun zum Rezept. Schneidet 400–500g Kürbis in dünne Scheiben. Legt die Scheiben vollständig in Alufolie eingepackt auf ein Ofenblech und lasst sie etwa 20 Minuten lang garen. Püriert das Kürbisgemüse, solange es noch warm ist. Bestreicht das Weißbrot mit einer Schicht Robiola, dann mit der Kürbiscreme (die ihr auch fertig im Feinkostladen finden könnt) und hobelt schließlich ein paar Scheiben Parmesan darauf. Würzt mit ausreichend Salz und Pfeffer. Ein paar Zucchini-Julienne verleihen dem Ganzen noch ein wenig mehr Farbe.

Bardolino

ACETO
BALSAMICO
I.G.P.

Fichi, robiola e pistacchi

Feigen, Robiola und Pistazien

DIE SÜSSE der Frucht verbindet sich auf perfekte Weise mit der Würze des Käses und vollendet den Genuss eines guten Glases Wein. Lasst also eure Fantasie spielen indem ihr, wie ich es tue, jede Art von reifen, süßen Früchten verwendet. Wie Feigen zum Beispiel. Wählt zehn feste und reife aus, wascht sie gut, trocknet sie ab und schneidet sie kreuzartig ein aber nicht ganz durch bis zum unteren Ende. Legt sie nun auf die Weißbrotscheiben und gebt etwas Robiola (oder eine Gorgonzolacreme, für die ihr vorsichtig gleiche Anteile Mascarpone und Gorgonzola mischt) in ihr Inneres. Streut reichlich Paprikagewürz und ein paar kleingehackte Pistazienkerne darüber. Um den Geschmack noch etwas zu intensivieren, träufelt ihr zwei Tropfen Balsamico-Essig (cremig) dazu. Bewahrt die *cicchetti* im Kühlschrank bis zum Moment auf, in dem ihr sie serviert.

Inzolia

Fiori di zucca e acciughe

Kürbisblüten und Sardellenfilet

KEIN SOMMER ohne ein *cicchetto* mit Kürbisblüten (oder mit Zucchiniblüten)! Sucht zehn große, frische davon mit intensiver Farbe aus. Wascht sie vorsichtig unter fließendem Wasser und trocknet sie mit Küchenpapier ab. Entfernt die Stiele mit einem kleinen, scharfen Messer, öffnet die Blüten behutsam und nehmt die Stempel heraus. Füllt die Blüten nun mit einem Esslöffel Gorgonzola (oder, wenn ihr das lieber mögt, mit Robiola gewürzt mit Pfeffer) und mit einem in Öl eingelegten Sardellenfilet, das ihr zuvor gut abtropfen lasst. Schließt nun die Kürbisblüte wieder, legt sie auf eine Weißbrotscheibe und garniert sie mit einer Prise pikantem Paprikagewürz. Obwohl eine meiner neusten Kreationen, wetteifert sie bereits mit dem *cicchetto* auf der Basis von Thunfisch und Kakao um den Titel der *besten*. Mein Sohn Paolo empfiehlt, das Brötchen zusammen mit einem Prosecco alter Tradition aus unserer Region zu verbinden.

Prosecco sur lie

Formaggio di fossa e finferli

Formaggio di fossa und Pfifferlinge

ALS KIND bin ich zwei Jahre in Folge in das Ferienlager nach San Vito di Cadore gefahren: hier sah ich zum ersten Mal die Berge. Ich erinnere mich jetzt noch an die Waldspaziergänge und die Pilzsuche. Seitdem habe ich oft den Sommer in den Bergen verbracht und bin mehrere Male mit dem Sonnenaufgang aufgewacht, um auf Pilzjagd zu gehen. Magere Ausbeute, aber was für eine Zufriedenheit! Besonders dann, als ich die Pilze für ein *cicchetto* wie dieses einsetzen konnte. Legt auf jede Brotscheibe eine Scheibe Formaggio di Fossa (besser als reiner Schafskäse), gebt eine Hand voll Pfifferlinge dazu (ich brate sie 15–20 Minuten mit Öl, Knoblauch und Petersilie an, aber wenn ihr in Eile seid, könnt ihr sie naturbelassen im Glas kaufen und sie mit Öl, Salz und Pfeffer würzen) und verziert mit ganzen rosa Pfefferkörnern. Dieses *cicchetto* sollte mit einem Glas kräftigem Rotwein kombiniert werden.

Pinot nero

VENEZIA

Fragole e robiola

Erdbeeren und Robiola

SUCHT sehr große und reife Erdbeeren aus, entfernt die Erdbeerblätter und schneidet die Spitze ab. Höhlt mit ein wenig Geduld das Innere der Erdbeeren mit einem Teelöffel aus und füllt sie dann mit Robiola (wenn ihr es schärfer mögt, empfehle ich, dem Käse ein wenig geriebenen Meerrettich beizumischen) und mit ein paar kleinen Feldsalatblättern.

Setzt den Erdbeeren ihre Spitze wieder auf, bestreut sie mit Paprikagewürz und garniert sie mit zwei Balsamicoperlen (eine Delikatesse, die ihr in den besten Feinkostläden finden könnt). Wenn ihr dieses *cicchetto* schmuck herausputzen möchtet, verziert es nach alter Tradition mit Blattgold. Es stimmt, dass heutzutage Erdbeeren fast das ganze Jahr über erhältlich sind, aber ich ziehe es vor, mich den Jahreszeiten anzupassen, und bereite dieses *cicchetto* nur im Mai und im Juni zu.

Prosecco brut

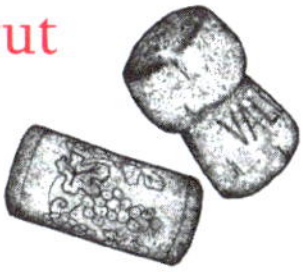

Francobolli alla salsa di tonno

Briefmarken mit Thunfischcreme

BEREITET eine eher dickflüssige Soße aus abgetropftem, in Öl eingelegtem Thunfisch und Mayonnaise zu. In diesem Fall verwendet ihr nicht wie sonst Baguette, sondern weiche Toastbrotscheiben (Tramezzinibrot), die ihr in kleine Quadrate schneidet. Bestreicht jede *Briefmarke* mit etwas Thunfischcreme, belegt sie mit ein paar Pflücksalatblättern und macht daraus Minisandwiches, indem ihr ein weiteres kleines Brotquadrat darauflegt. Als Dekoration empfehle ich euch eine grüne Olive.

Pinot grigio

Frittata di zucchine

Zucchini-Omelett

EINKAUFSLISTE: sechs Eier, 100g Parmesan, drei Zucchini, zehn milde Chilischoten zum Verzieren. Zubereitung: Schneidet die Zucchini in dünne Scheiben und bratet sie in der Pfanne mit etwas Olivenöl extra vergine an. Verquirlt die Eier mit einem Schneebesen, würzt mit Salz und Pfeffer und mischt so viel geriebenen Parmesan hinein, bis ihr eine gleichmäßige Mischung erhaltet. Gebt nun die Zucchini hinzu. Fettet eine rechteckige Auflaufform mit Butter ein, gebt die Eier-und-Zucchini-Mischung hinzu und backt sie für 15–20 Minuten bei 180 Grad im Ofen. Stürzt das noch warme Omelette dann auf ein Geschirrtuch, rollt es vorsichtig auf und lasst es für etwa zwei Stunden im Kühlschrank ruhen. Komposition: Schneidet die Omelette-Rolle in 2–3cm breite Streifen, legt sie mit etwas gehackter Petersilie auf eine bunte Servierplatte und garniert sie mit einer milden Chilischote, die ihr jeweils mit einem Zahnstocher befestigt.

Soave

Funghi ripieni

Gefüllte Pilze

MIT DIESEM *cicchetto* auf Pilzbasis beginne ich eine kleine Serie von *gefüllten cicchetti* ohne Brot. Besorgt zuerst 300g Champignons (schöne weiße, feste Pilze mittlerer Größe), wascht und putzt sie sorgfältig. Schneidet dann die Stiele ab, ohne die Pilze dabei zu beschädigen. Zerkleinert die Stiele und bratet sie fünf Minuten lang mit Olivenöl extra vergine, Knoblauch, Petersilie und genügend Salz. Mischt sie dann mit 150g eines cremigen Käses (z. B. Robiola) und schmeckt mit Salz und Pfeffer ab. Nun füllt ihr die Köpfe der Pilze, von denen ihr zuvor die Haut entfernt habt, mit dieser Mischung. Gebt sie nun auf ein mit Backpapier ausgelegtes Backblech, beträufelt sie mit etwas Olivenöl extra vergine und gart sie im Ofen bei 180 Grad für 20 Minuten. Öffnet in der Zwischenzeit eine Flasche Rotwein.

Schiava gentile

SALE

Gamberetti e asparagi verdi

Garnelen und grüne Spargel

KAUFT an einem Frühlingstag am Rialtomarkt bei einem Gemüsestand grünen Spargel (zarter und schneller zu garen als die weißen im Veneto angebauten Spargel) und bei einem Fischstand 200g geschälte Garnelen. Zu Hause angekommen versucht ihr euch an der Zubereitung dieses *cicchetto*.

Säubert die Spargel, entfernt jeweils das Endstück des Stiels und kocht sie in leicht gesalzenem Wasser etwa zehn Minuten. Schneidet sie in 3–4cm lange Stücke. Wascht die Garnelen unter fließendem Wasser und gart sie zwei Minuten in kochendem Salzwasser. Lasst sie abtropfen und würzt sie mit Olivenöl, Salz, Pfeffer und ein paar Tropfen Zitronensaft. Nun könnt ihr das *cicchetto* zusammensetzen: Bestreicht die Brotscheiben dünn mit Mayonnaise und belegt sie mit 2–3 Spargelstücken und Garnelen; garniert das Ganze mit einem Klecks Ketchup. Ein leichter und ausgewogener Weißwein hebt den Geschmack des Spargels hervor, ohne den der Garnelen zu überdecken.

Ribolla gialla

Gamberetti e salsa al tartufo

Garnelen und Trüffelpaste

NOCH EIN *cicchetto* mit Garnelen, eine höchst abwechslungsreich verwendbare Zutat. Dieses Mal schlage ich euch eine raffinierte Kombination vor: Lasst 200g frische Garnelen fünf Minuten lang in siedendem Wasser ziehen, gießt das Wasser ab, würzt sie mit Olivenöl, Salz und Pfeffer und belegt die Brotscheiben damit. Gebt einen Esslöffel Trüffelpaste darauf und dekoriert mit hauchdünn gehobelten Zucchinischeiben. Wenn ihr den Trüffelgeruch nicht mögt, könnt ihr eine Artischockencreme nehmen (für die Zubereitung vergleicht das Rezept Seite 51).

Müller Thurgau

Gamberi in saór

Sauer marinierte Garnelen

DIES IST ein weiteres *cicchetto*-Rezept, das mit der traditionellen venezianischen Saór-Methode zubereitet wird: einer Marinade aus Zwiebeln, Essig und Öl, die Fische haltbar macht und auf die Küche der Seefahrer zurückgeht. Ich habe euch schon in dem Rezept mit den sauer marinierten Zwiebeln und dem geräucherten Hering (Seite 45) erklärt, wie die Zubereitung geht. Dieses Mal fügt ihr zu den in Weißweinessig gedünsteten, abgekühlten Zwiebeln 400g gekochte Garnelen hinzu, die ihr dann mindestens einen Tag lang in der Würzsauce liegen lasst: Dies ist das Geheimnis unserer Saór-Delikatessen. Wenn die Zeit verstrichen ist, belegt ihr die Brotscheiben mit den Garnelen und dekoriert mit Zucchini-Julienne und einer Prise Paprikapulver.

Serprino (vino frizzante)

Gorgonzola e marmellata di pomodori verdi

Gorgonzola und Marmelade aus grünen Tomaten

ICH WAR zwölf oder dreizehn Jahre alt, als ich in der Konditorei *Marchini* am Campo Santo Stefano gearbeitet habe. Diese Erfahrung hat vielleicht meine Freude an *cicchetti* geweckt, die gut schmecken und gleichzeitig so bildschön sind wie das Kleingebäck der Konditorei. Nun schlage ich euch eines meiner Highlights vor: Bestreicht Brotscheiben mit Marmelade aus grünen Tomaten (ihr könnt sie selbst herstellen, indem ihr 500g grüne, in kleine Stücke geschnittene und entkernte Tomaten, 200g Zucker, Schale und Saft einer Zitrone auf niedriger Flamme kocht, bis die für Marmelade typische Konsistenz erreicht ist). Auf die süße Grundierung legt ihr würzigen Gorgonzola, streicht noch etwas Marmelade darauf und schließt ab mit gehobelten gerösteten Mandeln. Möchtet ihr eine originelle Variante ausprobieren? Ersetzt die Marmelade durch cremigen Fondant aus dunkler Schokolade mit ein paar Rosinen. Kostet das, und ihr werdet mir glauben!

Ramandolo

Gorgonzola e noci

Gorgonzola und Walnüsse

MIT DIESEM Paar an Zutaten, das zu Recht von jedem Feinschmecker geschätzt wird, kann man ein Nudelgericht vollenden, eine Pizza belegen, einen Braten würzen, eine Süßspeise zubereiten und sogar ein Eis kreieren. Und man kann auch – nein muss sogar – ein *cicchetto* damit komponieren. Man muss dazu nur 250g milden Gorgonzola mit 100g frischestem Mascarpone behutsam vermischen, einen Schuss Gin hinzugeben, die Brotscheiben großzügig mit der Creme bestreichen und jeweils mit einem halben Walnusskern garnieren. Wenn man bei einem dazu passenden Wein die Qual der Wahl hat: Pinot vermählt sich perfekt mit Gorgonzola und Trebbiano d'Abbruzzo wiederum mit den Walnüssen. Ich aber empfehle euch einen Rotwein aus dem Veneto.

Valpolicella ripasso superiore

ACETO
BALSAMICO
I.G.P.

Gorgonzola, mele e aceto balsamico
Gorgonzola, Äpfel und Balsamico-Essig

DIE ZUBEREITUNG dieses *cicchetto* braucht keine besonderen Erklärungen, daher nur drei Ratschläge: Verwendet Golden Delicious Äpfel, ideal zum Gorgonzola; schneidet sie in Scheiben, ohne vorher die Schale zu entfernen: beträufelt sie mit ein paar Tropfen Zitronensaft, damit sie nicht braun werden.

Geht folgendermaßen vor: Bestreicht die Brotscheiben mit einer Schicht mildem Gorgonzola und legt jeweils zwei oder drei Apfelscheiben darauf (als Alternative zum Golden Delicious könnt ihr auch einen in Salzlake eingelegten Baby-Apfel benutzen), träufelt ein paar Tropfen Balsamico-Essig (cremig) darüber und … lasst eure Gäste urteilen. Ihr müsst wissen, dass auch ich mich, wenn ich neue Rezepte ausprobiere, auf das Urteil meiner Söhne Fabio, Paolo, Piero und Tommaso verlasse, die stets als erste meine neuen Kreationen testen.

Gewürztraminer

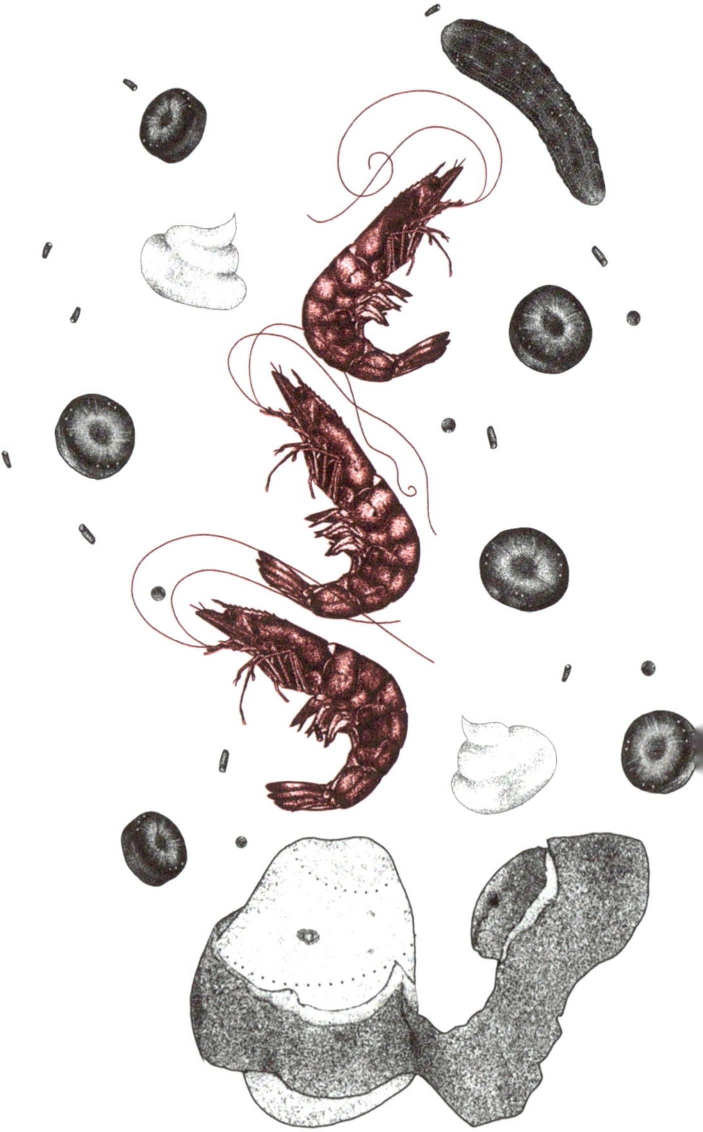

Insalata russa con gamberetti

Russischer Salat mit Garnelen

NUN schlage ich euch ein weiteres *cicchetto* mit Garnelen vor. Kocht je zwei in Stücke geschnittene Kartoffeln und Möhren in Salzwasser, bis sie *al dente* sind. Lasst das Gemüse im Sieb eine halbe Stunde lang abkühlen. Widmet euch in der Zwischenzeit der Mayonnaise-Zubereitung (wenn ihr sie nicht fertig kauft). Verquirlt bei mittlerer Geschwindigkeit zwei Eigelb mit dem Saft einer halben Zitrone, bis sich beides verbindet. Gebt nun das Keimöl in mehreren Etappen hinzu. Wenn die Mayonnaise eine eher dickflüssige Konsistenz angenommen hat, schmeckt sie mit Salz und Zitrone ab. Vermischt das Gemüse zusammen mit zehn gewürfelten sauer eingelegten Gürkchen in einer Schüssel mit der Mayonnaise. Montiert nun das *cicchetto*: Gebt einen Esslöffel russischen Salat und ein paar zuvor mit Olivenöl extra vergine, Salz und Pfeffer gewürzten Garnelen auf eine Brotscheibe, garniert mit einer Prise Schnittlauch.

Piemonte cortese

Involtini di melanzana

Auberginenröllchen

DIES IST ein weiteres *cicchetto* ohne Brot, auf Basis eines vielseitigen Gemüses, das ich in vier Rezepten verwende. Schneidet zunächst eine Aubergine in dünne Scheiben und legt diese mit Salz bestreut in ein Sieb (auf diese Art entzieht ihr der Aubergine das Vegetationswasser und lasst sie süßer werden). Trocknet die Scheiben dann gut ab und grillt sie beidseitig. Während ihr sie abkühlen lasst, kocht vier Eier hart und zerdrückt die Eigelbe dann mit einer Gabel. Gebt nun einen oder zwei Esslöffel Mayonnaise hinzu und rührt, bis ihr eine weiche, aber nicht zu weiche Creme erhaltet. Schmeckt mit Salz und Pfeffer ab und verteilt die soeben hergestellte Creme auf den Auberginenscheiben, die ihr zuvor jeweils mit einem halben Kopfsalatblatt belegt habt. Rollt die Scheiben nun vorsichtig auf, befestigt sie mit einem Zahnstocher und serviert sie garniert mit etwas gehackter Petersilie und ein paar Granatapfelkernen auf einem Teller.

Bardolino

Involtini di porro *Lauchröllchen*

BESORGT folgende drei Zutaten: eine Lauchstange, 250g Robiola, drei Johannisbeerrispen. Putzt den Lauch, entfernt das Endstück, 3–4cm des grünen Endes und die äußeren, harten Blätter. Schneidet den Lauch längs mit einem Messer und wählt zehn ganze (zarte) Lauchblätter aus. Wascht diese unter fließendem Wasser, blanchiert sie in salzigem Wasser, lasst sie abtropfen und auf einem Gestell trocknen. Belegt die Lauchblätter nun mit einem Esslöffel Robiola und zehn Johannisbeeren. Rollt sie vorsichtig auf und fixiert jedes Röllchen mit einem Zahnstocher. Vollendet das Ganze mit einer Prise Salz, ordentlich gemahlenem Pfeffer und ein paar Johannisbeeren zur Dekoration. Und zwar weil, wie ihr bemerkt haben werdet, es in der Küche mindestens genauso auf die Farben wie auf den Geschmack ankommt. Serviert die cremig weichen Röllchen auf einem Tellerchen oder in einem Papierförmchen. Werft den übrig gebliebenen Lauch nicht weg, sondern verwendet ihn als Garnitur für ein anderes *cicchetto.*

Prosecco rosé

Involtini di verza e taleggio

Wirsingröllchen und Taleggio

ANDERES GEMÜSE, anderes Röllchen (aber dieses Mal auch mit Brot), perfekt zum ersten herbstlichen Nebel. Trennt etwa zehn Blätter von einem Wirsingkohl ab, werft dabei die sehr ledrigen weg und sucht zartere aus dem Inneren aus. Gart sie in salzigem Wasser, lasst sie abtropfen und dann auf einem Küchentuch ein paar Minuten abkühlen. Schneidet die Blätter nun in zwei Hälften, löst das innere, härtere Stück heraus und füllt jedes Blatt mit einer Scheibe Taleggio. Schließt nun die Seiten leicht, rollt die Blätter vorsichtig zu einem Röllchen auf und befestigt diese mit einem Zahnstocher auf einer Brotscheibe. Streut etwas rosa Pfeffer darüber. Sehr gut auch mit Robiola und Brie, aber unschlagbar mit Taleggio, besonders höhlengereiftem. Ihr könnt das *cicchetto* mit einem Glas Rosso piceno oder einem Merlot, aber auch mit einem eleganteren Rotwein genießen.

Pinot nero

LIDO
Cioccolata

Lardo, miele e cioccolato fondente

Lardo, Honig und Bitterschokolade

DIE EINZIGE Schwierigkeit bei der Zubereitung dieses *cicchetto* ist, Zutaten bester Qualität zu bekommen. Zunächst einmal Lardo aus Colonnata: ein zartmürber Speck mit einzigartigen Eigenschaften, mit Gewürzen aller Art angereichert und in den Marmorbecken der Apuanischen Alpen gereift. Dann der Honig: Ich kaufe ihn bei einem kleinen Hersteller in Cansaglio, um sicher zu gehen, dass er zu 100% natürlich ist. Und schließlich Bitterschokoladensplitter: denkt daran, nicht am Preis zu sparen und eine Schokolade auszusuchen, die mindestens 70% Kakao enthält. Nun das Vorgehen beim Komponieren: eine Brotscheibe, eine Scheibe Lardo, eine Spur Honig, ein paar Bitterschokoladensplitter und, unentbehrlich, eine Prise Paprikagewürz. Mir gefällt es, zu beobachten, wie sich der perplexe Blick meiner skeptischsten Kunden in einen Ausdruck der Glückseligkeit verwandelt, nachdem sie dieses *cicchetto* probiert haben.

Morellino di Scansano

Lardo, verdure e paprica

Lardo, Gemüse und Paprikagewürz

NOCH EIN Rezept mit Lardo aus Colonnata, aber dieses Mal kombiniert mit einer meiner Spezialitäten: pikantem Gemüsesalat. Kocht eine Mischung aus verschiedenen in kleine Würfel geschnittenen Gemüsen (eine Karotte, eine Kartoffel, einen Zucchino, einen Stängel Stangensellerie) ein paar Minuten lang. Lasst das Gemüse gut abtropfen und gebt es in eine Terrine. Zerbröckelt die Eigelbe von zwei hartgekochten Eiern, gebt sie zusammen mit einem oder zwei Esslöffeln Mayonnaise zu dem Gemüse und vermischt alles vorsichtig. Schmeckt mit Salz ab und streut scharfes Paprikapulver darüber. Bestreicht die Lardo-Scheiben, die ihr zuvor auf die Brotschnitten legt, mit dem Gemüsepesto. Bei der Garnitur steht euren Wünschen nichts im Wege. Ich verziere mit in Julienne geschnittenen Zucchini.

Valpolicella ripasso superiore

SALE

Melanzane e stracchino

Auberginen und Stracchino

FÜR DIESES *cicchetto* braucht ihr zwei runde, kleine Auberginen und 200g frischesten Stracchino. Schneidet die Auberginen in circa 1cm dicke Scheiben, grillt sie beidseitig und mariniert sie mindestens 30 Minuten lang in einer Soße aus Olivenöl extra vergine, Salz, Pfeffer und Oregano. Setzt das *cicchetto* zusammen, indem ihr Schicht für Schicht vorgeht: Belegt jede Brotschnitte mit einer Scheibe Aubergine, jede Aubergine mit einer Schicht Stracchino und jede Stracchino-Schicht mit einer weiteren Scheibe Aubergine. Würzt alles mit frischem Oregano und ihr werden bald merken, dass ein *cicchetto* nach dem nächsten verlangt. Ein besonderer Genuss in Begleitung eines stillen, delikaten Weißweins.

Soave

Mortadella a pezzi con peperoni verdi

Mortadellastücke mit grünen Peperoni

EINFACH, schlicht und sehr lecker. Dieses *cicchetto* erfordert nur zwei Zutaten – zwei Zutaten und einen Zahnstocher, um sie zusammenzuhalten: ein dick abgeschnittenes Stückchen Mortadella und eine in Öl eingelegte grüne Peperoni. Dieser traditionelle Appetithappen ist nach wie vor ein Favorit bei meinen Kunden und es gibt keinen *bàcaro* mit Selbstachtung, der ihn nicht mit einer *ombra* serviert (vielmehr, wenn ihr das nicht auf den Tresen meiner Kollegen seht, zieht entsprechende Konsequenzen). So machte es mein Schwiegervater, so mache ich es und so sollten es auch meine Söhne machen. Für ein solches *cicchetto* auf Mortadellabasis empfiehlt sich ein Perlwein: Lambrusco, Prosecco …

Raboso Fiore

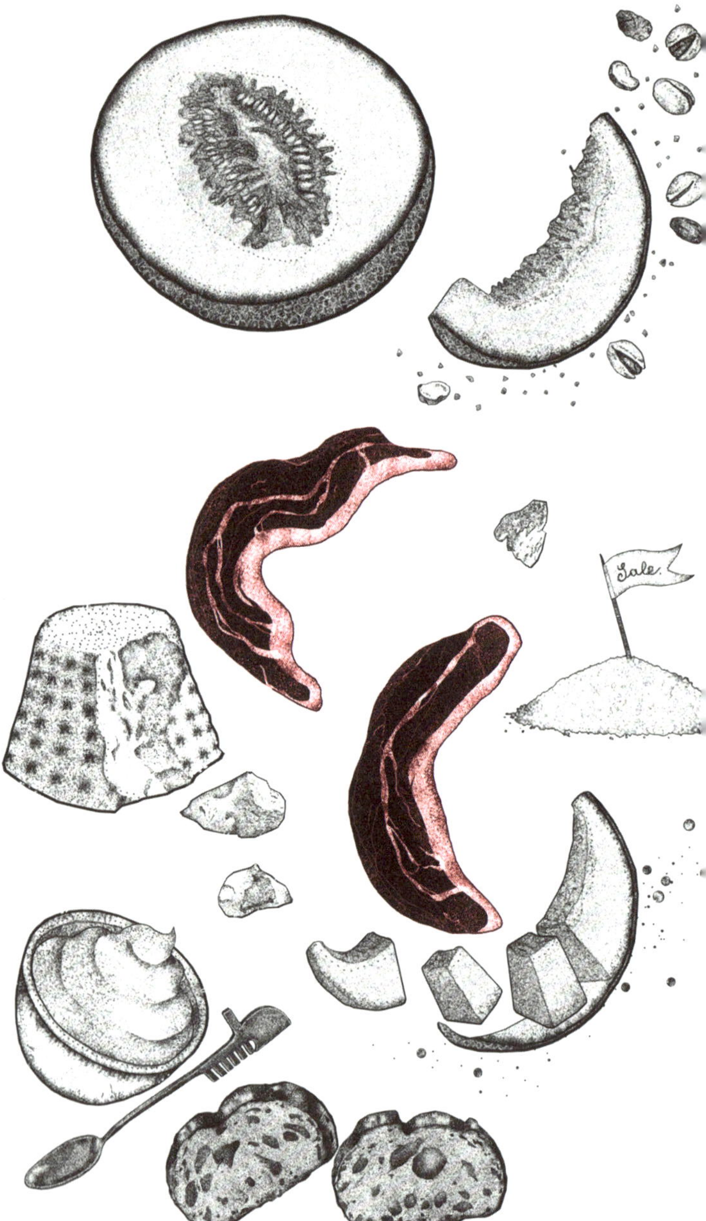
Sale.

Mousse di melone, prosciutto e pistacchi

Melonenmus, Rohschinken und Pistazien

WENN ICH im Juni an den Ständen des Rialtomarkts die ersten Melonen entdecke, weiß ich bereits, dass einer der Stammkunden des *Bottegon* nach diesem *cicchetto* verlangen wird. Ich bereite es zu, indem ich eine halbe Honigmelone in grobe Stücke schneide und diese dann kurz püriere (vorher probiere ich die Melone, um mich zu versichern, dass sie süß und aromatisch ist). Ich lasse das Melonenpüree für ein paar Stunden abtropfen und vermische es mit 250g Ricotta oder Robiola zu einem lockeren Mus, das ich mit Salz und Pfeffer würze. Nun belege ich die Brotschnitten mit einer oder zwei Scheiben rohen Schinken (ich empfehle den aus Montagnana), gebe ein paar Esslöffel Melonenmus darauf und garniere das Ganze mit gehackten Pistazienkernen. Zu einem solchen sommerlichen *cicchetto* braucht es ein Glas frischen und duftenden Weißwein.

Grillo

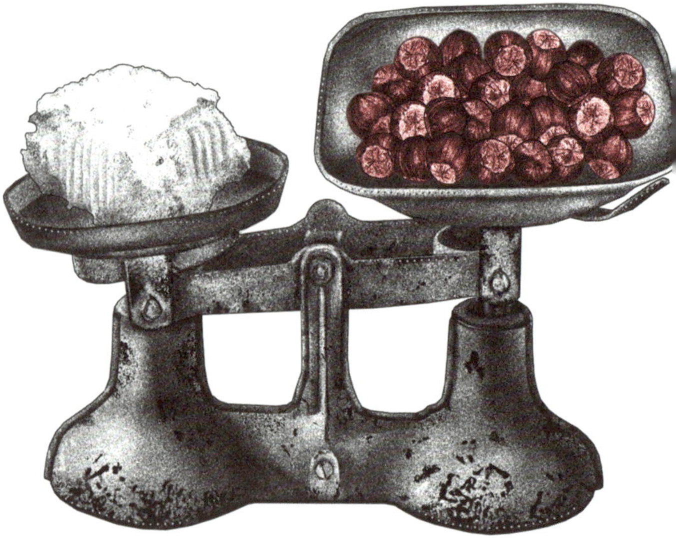

Mousse di nocciole e paprica

Haselnussmus und Paprikapulver

TROCKENFRÜCHTE sind eine Zutat, die ich sehr liebe und oft verwende. Im Tagesmenu des *Bottegon* werdet ihr fast immer ein *cicchetto* mit Walnüssen, eins mit Mandeln, eins mit Pinienkernen und verschiedene mit Pistazien finden. Aber erst letztes Jahr habe ich eins auf der Basis von Haselnüssen ausprobiert. Zuerst habe ich 100 gr geröstete Haselnüsse, 50g Parmesan (Parmiggiano reggiano) und zwei Esslöffel Olivenöl extra vergine mit dem Mixer püriert. Danach habe ich das Ganze mit 200g Robiola vermischt. Mit Hilfe einer Gabel habe ich dann das so hergestellte Mus auf den Brotscheiben verteilt und mit etwas pikantem Paprikapulver und einer ganzen Haselnuss garniert. Dieser Frucht des *Piemonte* zu Ehren empfehle ich mit einem Glas Rotwein aus den *Langhe* anzustoßen.

Barolo

Mousse di noci, ricotta e ribes

Walnussmus, Ricotta und Johannisbeeren

BROT UND WALNÜSSE, *Essen wie ein Doge.* Neben Brot und Walnüssen verwende ich in meiner kulinarischen Neuinterpretation dieses venezianischen Sprichworts zwei Arten von Käse und eine Frucht. Püriert 100g Walnusskerne (legt einige davon für die Garnierung zurück), 100g geriebenen Parmesan, eine Knoblauchzehe, ausreichend Salz und Pfeffer und vermischt alles mit ein paar Tropfen Olivenöl extra vergine (das in den Nüssen enthaltene Öl könnte allerdings auch schon für eine cremige Konsistenz der Mischung ausreichen). Bestreicht die Brotscheiben mit etwas Ricotta, gewürzt mit Salz und Pfeffer, und gebt einen ordentlichen Esslöffel Walnusscreme darauf. Verziert das *cicchetto* schließlich mit einem halben Walnusskern und ein paar Johannisbeeren. Es verbindet sich in nahezu perfekter Weise mit einem leicht bitteren Weißwein.

Nosiola

Nuvole di uova di quaglia
Wolken aus Wachteleiern

DIESES *cicchetto* erfordert ein wenig Geschick und Geduld, ist aber so schön, dass ihr es auf jeden Fall probieren müsst. Während ihr den Ofen auf 180 Grad erwärmt, schlagt zehn Wachteleier auf und trennt Eiweiß vom Eigelb. Wichtig dabei ist, dass ihr jedes Eigelb separat und intakt aufbewahrt. Alles Eiweiß gebt ihr zusammen in eine Schüssel. Schlagt es dann mit einer Prise Salz ordentlich steif. Gebt es dann mit einem Esslöffel auf ein mit Backpapier ausgelegtes Backblech, indem ihr zehn kleine Häufchen mit einer Mulde in der Mitte bildet, in der ihr vorsichtig je ein Eigelb platziert. Salzt, pfeffert und ab in den Ofen damit! Holt nach fünf Minuten das Blech wieder heraus und lasst die Wolken abkühlen. Legt sie dann mit einem Küchenschaber auf die Brotscheiben. In diesem Fall ist es besser, wenn ihr das Brot zuvor toastet.

Vermentino

Palline di ricotta e pistacchi

Ricottabällchen mit Pistazien

FÜR DIE Zubereitung dieses *cicchetto* – berechnet zehn Minuten, abgesehen von der Kühlungsdauer – braucht ihr 250g Ricotta, 50g geriebenen Parmesan und 50g naturbelassene, gehackte Pistazien. Vermischt Ricotta und Parmesan in einer Schüssel mit einer Gabel, bis ihr eine einheitliche und cremige Mischung erhaltet, die ihr mit einer Prise Salz und ordentlich gemahlenem Pfeffer würzt. Formt mit den Händen etwa zehn Bällchen und wendet sie in den gehackten Pistazien, bis sie überall bedeckt sind. Gebt sie in den Kühlschrank und lasst sie für ein paar Stunden ruhen. Durchstecht sie mit einem Zahnstocher, wenn sie abgekühlt sind und serviert sie, mit oder ohne Brot, auf einer Platte.

Prosecco brut

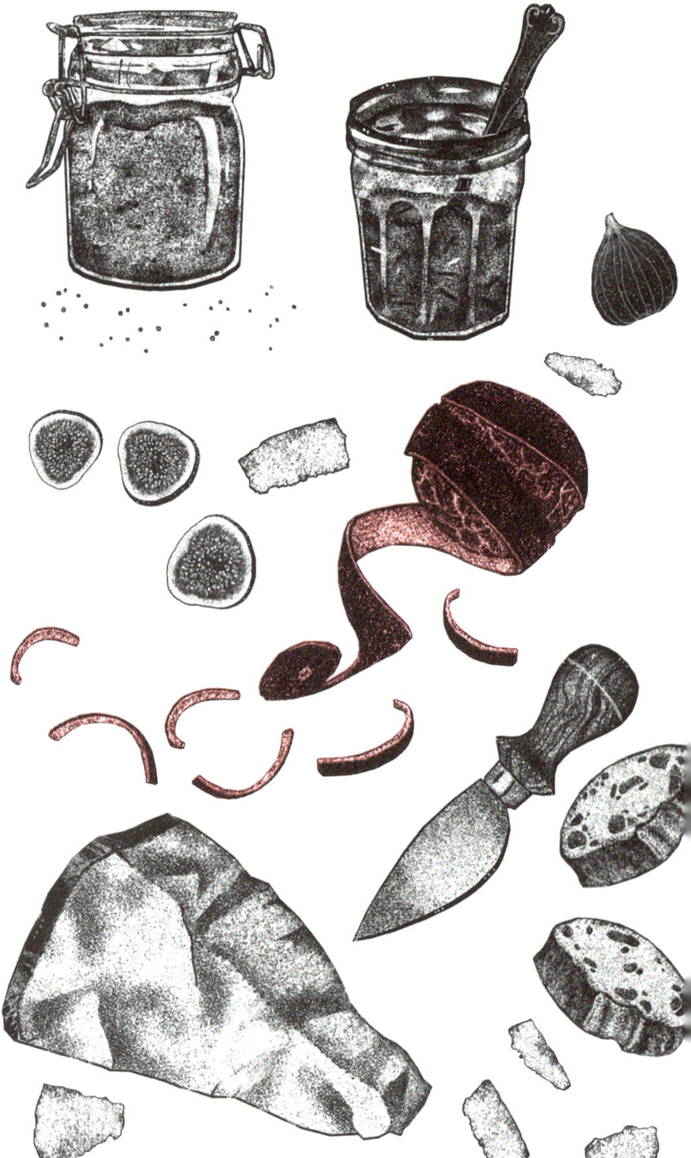

Parmigiano, marmellata d'arance amare e fichi *Parmesan, Bitterorangenmarmelade und Feigen*

IST ES MÖGLICH, ein *cicchetto* zu kreieren und dabei einen würzigen Käse, eine bittere Marmelade, eine pikante Sauce und eine süße Frucht zu kombinieren? Na, sicher. Es genügt, einen Esslöffel Bitterorangenmarmelade (am besten hausgemacht), vermischt mit scharfem Senf (ideal ist Dijon-Senf), auf das Brot zu streichen und darauf etwas in gröbere Schnitze gehobelten Parmesan sowie eine Scheibe einer frischen Feige zu legen (oder auch einer getrockneten, wenn gerade keine Feigensaison ist). Zur Dekoration könnt ihr ein wenig mit einem Zestenschneider in Streifen geschnittene Orangenschale verwenden. Zur Verkostung solltet ihr eine Flasche sprudelnden, sanften und zugleich trockenen Wein öffnen.

Prosecco extra dry

Tonno

Peperoni ripieni

Gefüllte Paprika

GEFÜLLTES *cicchetto* Nr. 2. Geht zuerst auf den Markt und kauft zwei fleischige Paprika – eine rote und eine gelbe. Wascht und trocknet sie ab, bratet sie über der Flamme oder auf der Herdplatte und wendet sie hin und wieder bis sie schön angeröstet sind. Es ist nun einfach, sie zu enthäuten und Kerne sowie Fäden zu entnehmen. Schneidet sie dann in 3–4cm breite Streifen und gebt etwas von einer Füllung aus 200g in Öl eingelegtem Thunfisch, einem Esslöffel Mayonnaise und gehackten Kapern, die ihr zuvor grob vermischt habt, darauf. Rollt nun vorsichtig auf, fixiert jede Roulade mit einem Holzzahnstocher und serviert sie, indem ihr immer eine rote neben eine gelbe auf den Teller legt (das Auge isst mit!). Einen Schuss Olivenöl extra vergine, eine Prise Salz und Pfeffer und das Spiel ist gewonnen. Serviert die Brotscheiben dieses Mal separat.

Pinot Grigio

Pesce spada affumicato e zucchine

Geräucherter Schwertfisch und Zucchini

WIE IHR bemerkt haben werdet, wechsele ich in meinen Rezepten gerne ab zwischen ganz alltäglichen Zutaten, etwa der Mortadella, und kostbareren, wie Störeiern oder in diesem Fall Schwertfisch. Die Zubereitung ist genauso schnell wie einfach: Es genügt, die Brotscheiben dünn mit Mayonnaise zu bestreichen, jede mit einer Scheibe geräuchertem Schwertfisch zu belegen (oder wenn ihr einen entschiedeneren Geschmack mögt, mit geräuchertem Thunfisch, beide kann man vakuumverpackt in 100g Portionen kaufen) und das Ganze mit ein paar Zucchini-Streifen, etwas gemahlenem rosa Pfeffer und einigen Tropfen Balsamico-Essig (cremig) zu dekorieren. Wenn es um den passenden Wein geht, habt ihr die Qual der Wahl: vom Perlenden eines Prosecco brut über die blumigen Aromen eines Ribolla gialla bis hin zu der trockenen Note eines Weins alter Tradition.

Greco di Tufo

Petto d'anatra e marmellata d'arance

Entenbrust und Orangenmarmelade

DIES IST meine Neuinterpretation eines der traditionsreichsten und berühmtesten Rezepte, Ente auf Orange, in Form eines *cicchetto*. Zuallererst bestelle ich bei einem Wurstwarengeschäft zehn Scheiben geräucherte Entenbrust (man kann diese auch in vakuumverpackten 100g Portionen kaufen), kaufe ein Glas bitterer Orangenmarmelade hoher Qualität im Supermarkt und pflücke zehn Salbeiblätter in meinem Garten. Dann stelle ich das *cicchetto* wie folgt zusammen: erst bestreiche ich die Brotscheiben mit einer Schicht Marmelade, dann lege ich eine Scheibe Entenbrust darauf, bestreue sie mit etwas gehacktem Salbei, grobem Salz und schwarzem Pfeffer und garniere schließlich mit einer Orangenscheibe. Und für meine Gäste öffne ich eine Flasche guten Rotweins.

Valpolicella classico

SALE.

Petto di pollo in saór

Sauer eingelegte Hühnerbrust

WENN IHR Fisch nicht mögt, aber dennoch nicht auf die traditionelle venezianische Zubereitungsmethode des Saór verzichten wollt, könnt ihr diese Variante mit Huhn ausprobieren: Bratet 300g Hühnerbrust mit Öl, Knoblauch und einer Hand voll Gewürzkräutern (Rosmarin, Oregano, Lorbeer etc.) scharf an, salzt und pfeffert sie und lasst sie auf mittlerer Flamme durchgaren. Stellt die Hühnerbrust zum Abkühlen beiseite. Währenddessen bereitet ihr die sauer eingelegten Zwiebeln nach dem Rezept von Seite 45 zu. Gebt zu den fertigen Zwiebeln die in Streifen geschnittene Hühnerbrust, eine Hand voll Pinienkerne und Rosinen und lasst alles zusammen einen Tag lang in der süß-sauren Marinade ziehen, bevor ihr die Brotscheiben damit belegt.

Garganega

Polpa di granchio e rucola

Krebsfleisch und Rucola

GRANSEOLA (die große Seespinne) ist ein köstlicher Krebs der Adria, ein Eckpfeiler der venezianischen Küche und eine ideale Zutat für ein *cicchetto*. Das zarte Krebsfleisch kann man verzehrfertig in 200g Schachteln abgepackt kaufen. Es genügt, wenn ihr es abtropfen lasst, mit einer Gabel zerpflückt und mit Olivenöl extra vergine, Salz und Pfeffer und einem Spritzer Zitronensaft würzt. Dann braucht ihr nur noch die Brotscheiben dünn mit Mayonnaise zu bestreichen, ein paar Rucolablätter darauf zu legen und einen Esslöffel Seespinnenfleisch hinzuzufügen. Außerhalb des Veneto ist es schwer zu bekommen, man kann aber normales Krebsfleisch genauso verwenden. Als Dekoration empfehle ich einen Klecks – aber nur einen! – Ketchup. Für eine noch raffiniertere Alternative könnt ihr Seeigelfleisch (*polpa di riccio di mare*) nehmen, mit Öl, Salz und Pfeffer würzen und mit einer Kirschtomate verzieren. Trinkt dazu einen aromatischen und erfrischenden Weißwein.

Sauvignon

Pomodorini ripieni

Gefüllte Kirschtomaten

GEFÜLLTES *cicchetto* Nr. 3. Sucht etwa 20 schöne feste Kirsch- oder Picadilly-Tomaten aus, wascht sie gut und schneidet bei jeder eine Kappe ab. Höhlt die Tomaten mit einem Teelöffel aus, streut Salz darüber und legt sie verkehrt herum hin, damit das Tomatenwasser abfließen kann. Währenddessen vermischt ihr 100g in Öl eingelegten Thunfisch mit drei Esslöffeln Mayonnaise, einer Handvoll Kapern und etwas geriebener Zitronenschale und füllt damit die Tomaten bis zum Rand. Gebt ein paar Feldsalatblätter zur Zierde dazu und setzt den Tomaten ihre Kappe wieder auf. Letzter Schliff: etwas gehackter Schnittlauch. Ideal zu einem Glas trockenen, leicht duftenden Rotwein, dieses Mal ein Produkt aus den Marken.

Verdicchio dei Castelli di Jesi

Tonno

Radicchio, crema al rafano e salsa di tonno *Radicchio, Meerrettichcreme und Thunfischsalsa*

ICH HABE bereits mehr als achtzig *cicchetti* kreiert, weil ich es liebe, Zutaten immer wieder neu zu kombinieren. Wundert euch also nicht, wenn euch das, was ich euch nun vorschlagen werde, kühn vorkommt. Legen wir los mit der Meerrettichcreme. Bereitet sie zu, wie ich es euch in dem Rezept *Meerrettichcreme und Granatapfelkerne* erklärt habe, und bestreicht dann die Brotscheiben damit. Dann der Radicchio aus Treviso (einer davon), Augenweide unserer Region. Wascht ihn unter fließendem Wasser, trocknet ihn ab, schneidet ihn und gebt ihn, mit Salz und Pfeffer gewürzt, zu der Meerrettichcreme. Schließlich die Thunfischsalsa. Vermischt 100g in Öl eingelegten Thunfisch mit ein paar Esslöffeln Mayonnaise und gebt ein wenig dieser Mischung auf den Radicchio. Möchtet ihr eine sommerliche Variante? Ersetzt den Radicchio aus Treviso durch ein paar halbierte Piccadilly-Tomaten.

Manzoni bianco

Radicchio e stracchino

Radicchio und Stracchino

DIE KOSTBARSTE Sorte des Radicchio aus Treviso ist die späte rote, etwas mildere und knackige Sorte namens Tardivo (auch *radicchio spadone* genannt). Es ist der *König des Winters* und ich verwende ihn oft, ob roh oder gekocht, um *cicchetti* wie dieses zuzubereiten. Wascht zwei oder drei davon unter fließendem Wasser, lasst sie in einem Sieb abtropfen und schneidet sie in Streifen, die ihr in der Pfanne mit ein paar Tropfen Olivenöl extra vergine, einer Prise Salz und etwas Pfeffer anbratet. Belegt nun die Brotscheiben mit den Radicchiostreifen, legt ein Stück frischen Stracchino darauf und garniert mit einem Esslöffel grüner Oliven-Paté. Achtet in der Phase des Komponierens stets darauf, dass ihr mit verschiedenen Farben abwechselt: das Violette des Radicchio, das Weiße des Stracchino, das Grüne der Oliven-Paté und das Rosa eines Rosé-Sekts.

Manzoni rosé

Radicchio rosso di Treviso e paté di olive nere

Roter Radicchio aus Treviso und schwarze Olivenpaste

BEI JEDER Form der Zubereitung, auch der allereinfachsten, spielt die Präsentation eine entscheidende Rolle: Die Farben müssen harmonieren, die Düfte verführen, die Aromen die Fantasie anregen und dieser *cicchetto* liefert dafür den Beweis.

Belegt jede knusprige Brotscheibe mit etwas gewaschenem, abgetropftem und zerteiltem Radicchio (ich empfehle euch sehr, den schmackhafteren Radicchio Tardivo aus Treviso zu nehmen), gebt einen Esslöffel der intensiv fruchtig schmeckenden schwarzen Olivenpaste hinzu (in Feinschmeckerläden erhältlich) und – voilà, das war doch ein Kinderspiel! Trinkt dazu ein Glas …

Cabernet Sauvignon

Ricotta e porcini

Ricotta und Steinpilze

IN DER Pilzsaison müsst ihr unbedingt dieses *cicchetto* mit dem Duft des Waldes ausprobieren und eure Gäste kosten lassen. Putzt zuerst sorgfältig 400g Steinpilze, trennt den erdigen Teil ab, schabt sie mit einem kleinen Messer ab, ohne dabei das Fruchtfleisch zu lösen, entfernt eventuelle Erdrückstände mit einem feuchten Tuch (ich empfehle euch, die Pilze nicht zu waschen, da sie das Wasser wie Schwämme aufsaugen). Schneidet sie in Scheiben und bratet sie bei hoher Hitze 5–10 Minuten mit einer pochierten Knoblauchzehe, einem Schuss Olivenöl extra vergine, einer Prise Salz und etwas gemahlenem Pfeffer an. Bestreicht die Brotscheiben in der Zwischenzeit mit Ricotta und, wenn die Pilze fertig sind, gebt etwa einen Esslöffel davon auf jede. Garniert mit frisch gehackter Petersilie und verkostet dazu einen sanften, fruchtigen Rotwein.

Schiava gentile

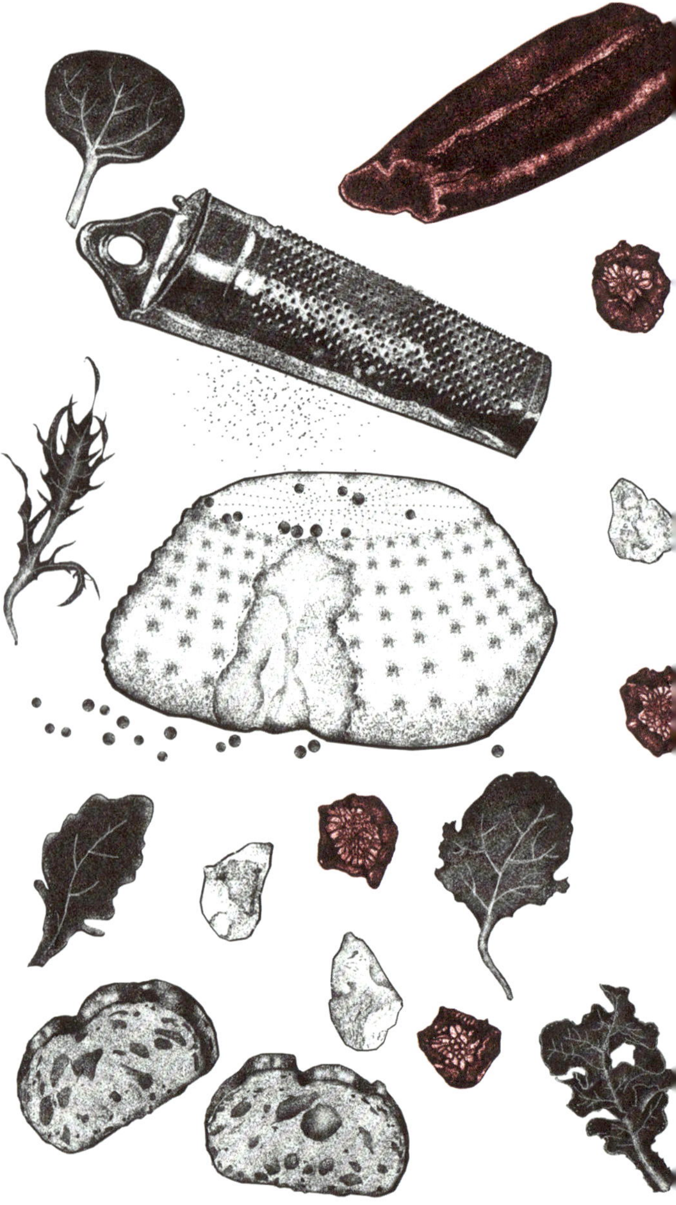

Ricotta, misticanza e bottarga

Ricotta, Pflücksalat und getrockneter Thunfischrogen

DER THUNFISCHROGEN (der sogenannte *Kaviar der Armen*) eignet sich ideal zum Anrichten von Spaghetti, aber – warum auch nicht – ebenso als Zutat für ein *cicchetto*. Verteilt ein paar Pflücksalatblätter auf etwa zehn Brotscheiben, bestreicht sie dann vorsichtig mit frischestem Ricotta, reibt großzügig von dem Fischrogen darüber (am besten mit einer extra feinen Reibe) und bestreut ihn kräftig mit gemahlenem schwarzem Pfeffer. Um eurem *cicchetto* Farbe zu verleihen, könnt ihr es mit einer getrockneten Tomate verzieren. Es gibt zwei verschiedene Sorten Fischrogen: von der Meeräsche und vom Thunfisch. Ich empfehle Thunfischrogen wegen seiner dunkleren Farbe, seinem intensiveren Geschmack und dem niedrigeren Preis. Und da er eine Grundzutat der sardischen Küche und Gastronomie ist, solltet ihr dieses *cicchetto* mit einem Wein aus dieser Region kombinieren.

Vermentino

SALE

Robiola e salsa di castagne

Robiola und Maronenmus

FÜR DIESES *cicchetto* braucht ihr 200g Robiola, 300g Maronen, zwei runde Zucchini und pikantes Paprikapulver. Geht folgendermaßen vor: Entfernt die äußere Schale der Maronen und gart sie in kochendem Wasser. Nehmt sie nach wenigen Minuten mit einer Schöpfkelle mit Löchern heraus und entfernt ihre Haut, solange sie noch warm sind. Gebt sie dann wieder in das Kochwasser und lasst sie für eine weitere halbe Stunde garen. Nach Ende der Kochzeit zerdrückt sie mit dem Passiergerät, vermischt sie mit etwas Butter (30g) und schmeckt mit Salz ab. Nun könnt ihr das *cicchetto* zusammenstellen: Bestreicht die Brotscheiben mit einer Schicht Robiola und großzügig mit dem Maronenmus, belegt mit geraspelten Zucchini, bestreut mit dem Paprikapulver und verziert sie mit einem Stückchen einer ganzen Marone. Auch in diesem Fall könnt ihr natürlich auf ein schon fertiges Maronenmus zurückgreifen.

Müller Thurgau

Robiola, indivia belga e noci

Robiola, Chicorée und Walnüsse

SÄUBERT einen Chicorée (eine Sorte der Zichorie mit weißen Blättern, die man zwischen Herbst und Winter erntet), entfernt die äußeren Blätter und wählt die zarteren, kleineren aus. Legt die Blätter wie Boote hin, füllt sie mit Hilfe eines Esslöffels mit Robiola, oder, wenn ihr einen kräftigeren Geschmack mögt, mit einer Creme aus Gorgonzola und Mascarpone (ihr könnt diese bereits fertig in vielen Supermärkten kaufen oder selbst zubereiten, indem ihr vorsichtig 100g Gorgonzola und 100g Mascarpone vermischt). Träufelt einige Tropfen Balsamico-Essig (cremig) darüber und garniert mit einem Walnusskern, der auch dazu dient, die typisch bittere Note des Chicorées zu mildern. Ein Glas eines leicht fruchtigen Weißweins wird dagegen seine geschmackliche Vielfalt zum Vorschein bringen.

Nosiola

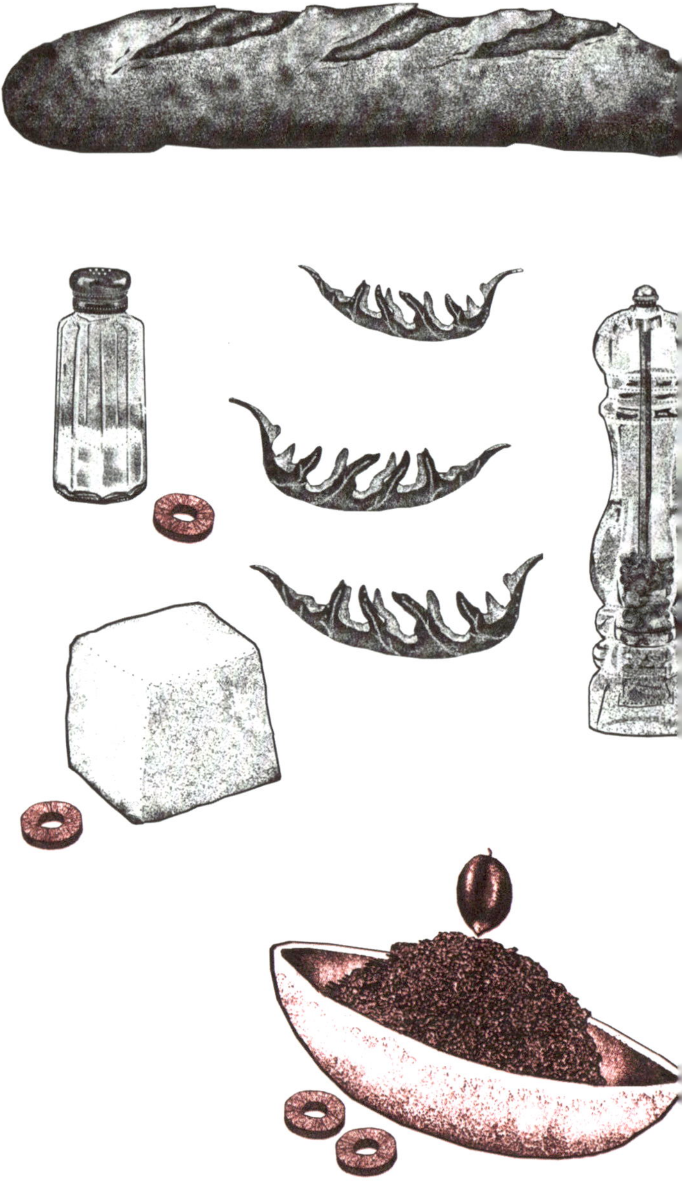

Robiola, rucola e patè di olive nere

Robiola, Rucola und schwarze Oliven-Paste

WEICHKÄSESORTEN sind ideal für die Zubereitung von *cicchetti* und zwar nicht nur, weil sie sich leicht auf das Brot streichen lassen, sondern auch weil sie sich perfekt mit vielen Zutaten kombinieren lassen. Für dieses *cicchetto*, zum Beispiel, vermische ich 150g Robiola (oder Stracchino, wenn ich Lust auf eine mildere Variante habe) mit 100g schwarzer Oliven-Paste, schmecke die Mischung mit Salz und Pfeffer ab und streiche sie dann auf die Brotscheiben, die ich zuvor mit ein paar Rucolablättern belegt habe. Als Verzierung verwende ich in Ringe geschnittene grüne Oliven, aber ihr könnt hier auch andere Zutaten ausprobieren. Das wichtige dabei ist – und ich werde nie müde werden, es zu wiederholen – die richtige Verbindung von Geschmacksrichtungen und Farben zu finden. Ohne den Wein dabei zu vergessen. In diesem Fall – mein Sohn Tommaso ist sich dessen sicher – ist der richtige Wein nur ein einziger:

Pinot Grigio

ACETO
BALSAMICO
I.G.P.

Robiola, uva e paprica

Robiola, Trauben und Paprikapulver

JEDES *cicchetto* ist das Ergebnis von Probieren, Probieren, Probieren – bis ich eine neue Kombination von Geschmacksrichtungen finde, mit der ich zufrieden bin, wie in diesem Fall. Bestreicht etwa zehn Brotscheiben mit Olivenöl extra vergine und dann mit einer ordentlichen Schicht Robiola. Würzt mit ein paar weißen und schwarzen Trauben (wenn die Amseln ein paar Trauben verschont lassen, ernte ich sie von den beiden Weinreben meines Gartens) und ein paar Tropfen Balsamico-Essig (cremig). Schon so ist dieses *cicchetto* ideal - damit es exzellent wird, empfehle ich euch, eine Prise pikantes Paprikapulver, die Lieblingszutat meiner Kunden, darüber zu streuen. Jetzt probiert und lasst mich wissen: was meint ihr?

Verdiso

Rosso d'uovo e petali di fiori

Eigelb und Blütenblätter

AUCH dieses *cicchetto* ist ein Experiment auf meiner Suche nach einem neuen, ausgefallenen Geschmackserlebnis. Ich sagte mir: *Gemüse habe ich schon alle ausprobiert, Fisch und Käse sind an der Tagesordnung, warum also nicht etwas mit Blumen versuchen?* Und schon war meine Fantasie geweckt. Ich habe Eier gekocht, die zerbröselten Eigelbe mit ein paar Löffeln Orangenmayonnaise vermischt (erinnert ihr euch? Ich habe sie auch für das Tintenfisch-Carpaccio auf Seite 33 verwendet) und eine Prise Salz und Pfeffer hinzugegeben. Mit dieser Creme habe ich jede Brotscheibe bestrichen und mich von meiner Fantasie leiten lassen: Blütenblätter von Rosen, Margeriten, Veilchen, Melissen, Ringelblume, Erika, Kornblume … bestäubt mit pikantem Paprikapulver. Ihr müsst euch selbstverständlich vergewissern, dass eure Blumen essbar sind! Um Fehler zu vermeiden, könnt ihr sie bei einer Drogerie oder online kaufen. Ich ernte sie manchmal in meinem Garten und lasse sie trocknen.

Prosecco extra dry

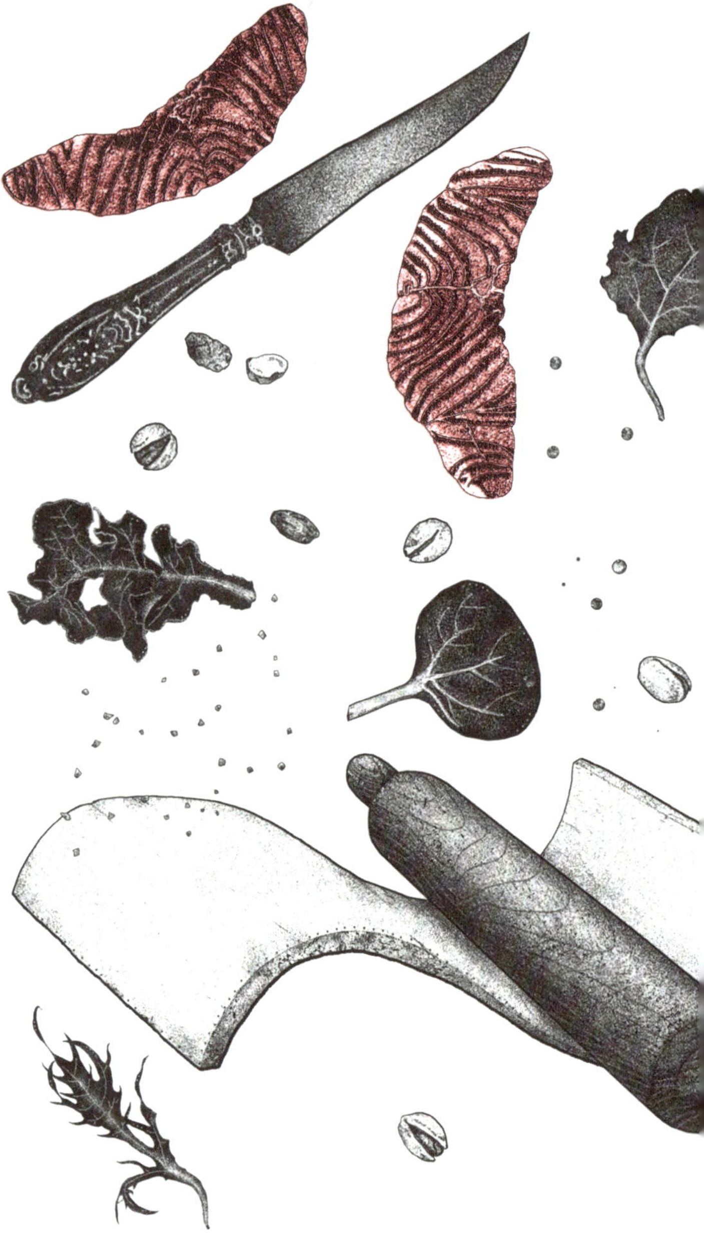

Rotolini al salmone

Mit Lachs gefüllte Röllchen

FANGEN WIR mit der Einkaufsliste an: Kauft drei Brotscheiben für *tramezzini* (in rechteckiger Form), 150g Robiola, 100g Pflücksalat, 100g geräucherten Lachs und 40g gehackte Pistazien. Machen wir mit der Komposition weiter: Verdichtet die Brotscheiben mit dem Nudelholz, bestreicht sie mit Robiola, verteilt zuerst die Pflücksalatblätter und dann die Lachsscheiben (leicht gepfeffert) gleichmäßig darauf. Nun rollt ihr die Brotscheiben vorsichtig, schlagt die Röllchen in Frischhaltefolie ein und lasst sie ein paar Stunden im Kühlschrank ruhen. Schließen wir das Ganze mit der Präsentation ab: Schneidet die Röllchen in etwa 3cm dicke Scheiben, legt sie auf einen Teller und streut gehackte Pistazien darüber. Eine Alternative zum Lachs ist die Thunfischsalsa (für die ihr 100g in Öl eingelegten Thunfisch mit zwei Esslöffeln Mayonnaise und einem Esslöffel frischen geriebenen Meerrettich vermischt). Ich schlage sogar vor, beide Varianten parallel zuzubereiten.

Falanghina, Pinot grigio

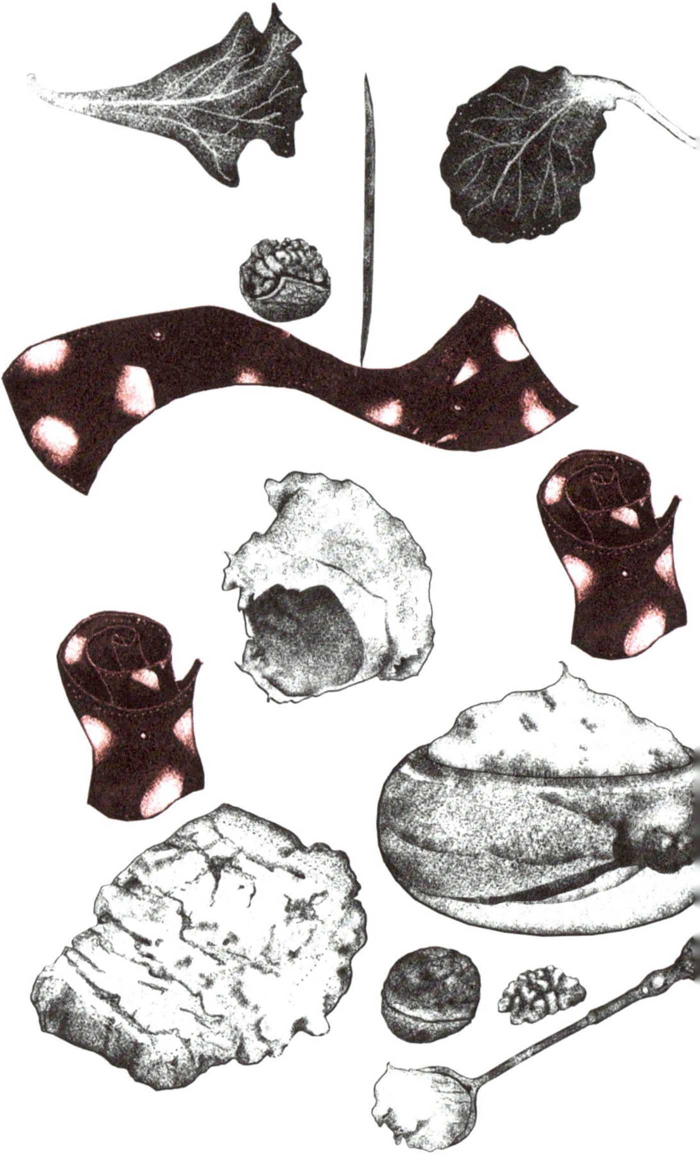

Rotolini di mortadella, gorgonzola e mascarpone *Mortadellaröllchen mit Gorgonzola und Mascarpone*

IN IHREM berühmten Kochbuch *Il talismano della felicità* hat Ada Boni empfohlen, Mortadella als Füllung für Capelletti und Tortellini, als Würze für Soßen und Aufläufe sowie für Hackbraten und Spießchen zu verwenden. Ich schlage euch vor, daraus ein einfaches Röllchen zu machen. Besorgt euch 150g relativ dick geschnittene Scheiben Mortadella, schneidet sie in 3–4cm breite Streifen und legt sie auf eure Arbeitsfläche (esst die Mortadella, die übrig bleibt!). Füllt die Streifen mit einer Creme, die ihr wie folgt zubereitet: Vermischt 100g milden Gorgonzola mit 100g frischem Mascarpone und fügt einen oder zwei Tropfen Gin bei, wenn ihr das mögt. An ein Ende der Streifen legt ihr einen Walnusskern, gebt ein paar Pfücksalatblätter hinzu, rollt das Ganze auf und fixiert das Röllchen mit einem Zahnstocher. Ein schlichtes *cicchetto* mit sehr vielfältigem Geschmack.

Valpolicella ripasso

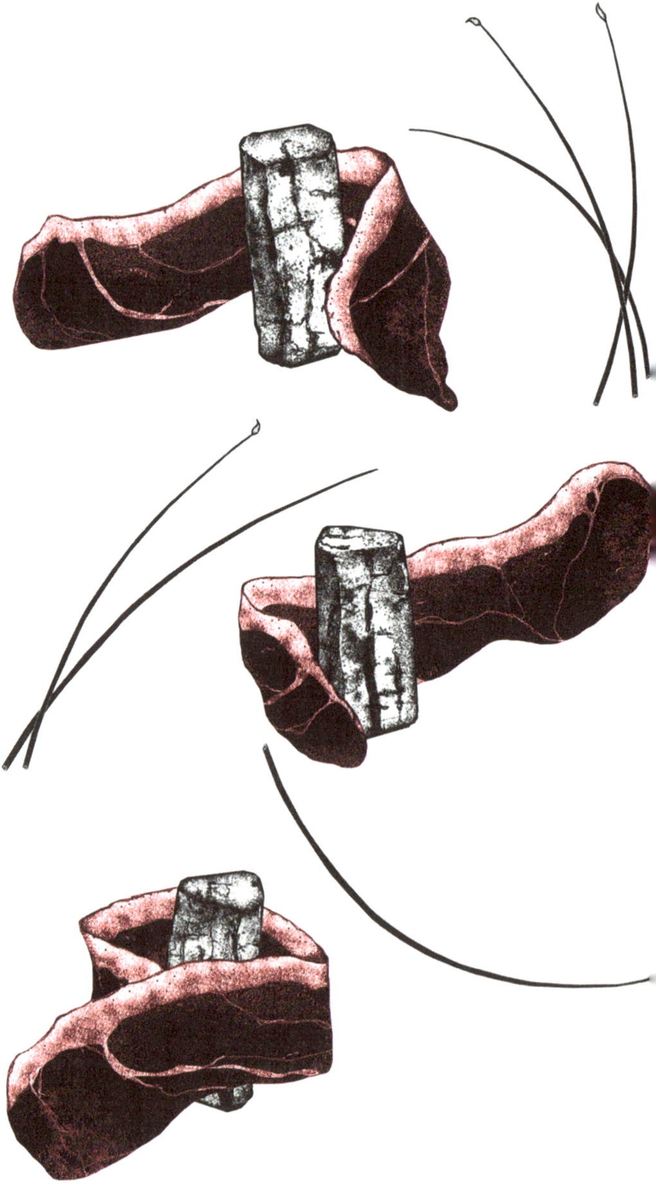

Rotolini di speck e gorgonzola piccante *Schinkenspeckröllchen mit würzigem Gorgonzola*

LASST auch dieses Mal das Brot in der Vorratskammer und verwendet stattdessen einen Aufschnitt, der kostbarer als Mortadella ist. Besorgt etwa zehn Scheiben Schinkenspeck aus Alto Adige und legt sie nebeneinander auf ein Schneidebrett. In der Mitte belegt ihr jede Scheibe mit einem Stückchen würzigen Gorgonzola, wenn ihr italienischen Kuhkäse mögt, oder mit Roquefort, wenn ihr einen französischen Schafskäse vorzieht (der Geschmack ist ähnlich und vermählt sich ideal mit dem des Specks). Rollt den Speck vorsichtig auf, formt dabei Rouladen, die ihr mit einem Schnittlauchhalm zusammenbindet und serviert sie auf einer Platte. Ein solch würziges *cicchetto* erfordert einen kräftigen Rotwein, der nach den Bergen duftet.

Teroldego

Salmone e mascarpone

Lachs und Mascarpone

ICH WEISS: Der Lachs ist alles andere als ein venezianischer Fisch. Andererseits hat er jedoch einen so intensiven Geschmack und eine so leuchtende Farbe, dass er wie für *cicchetti* gemacht scheint. Und er vermählt sich ideal mit Mascarpone. Die Mengen für 10 *cicchetti*: 200 gr geräucherten Lachs (bester Qualität!) und 250g Mascarpone (höchster Frische!). Die Komposition: eine Brotscheibe, eine Schicht Mascarpone und eine Scheibe Lachs. Die Garnierung: etwas weißer, schwarzer, rosafarbener gemahlener Pfeffer und eine Prise geschnittener Schnittlauch. In seiner Schlichtheit ist dieses *cicchetto* nicht weniger schmackhaft oder schön als ein Gebäckteilchen. Genießt es mit einem Glas vollmundigem und aromatischem Weißwein.

Gewürztraminer

Sandwich arcobaleno *Regenbogensandwich*

FÜR dieses *cicchetto* braucht ihr kein Baguette, sondern Tramezzini-Brotscheiben in rechteckiger Form. Besorgt euch zunächst vier verschiedene Gemüsecremes: Brennnesseln, Radicchio, Kürbis und Rotkohl. Ihr könnt sie auch selbst zubereiten: Die ersten drei kennt ihr, und bei der vierten geht ihr folgendermaßen vor: Wascht, putzt und schneidet einen Rotkohl und bratet ihn bei mittlerer Hitze mit etwas Olivenöl, einer Prise Salz und Pfeffer für etwa 20 Minuten. Lasst ihn abtropfen, püriert ihn mit dem Mixer und würzt nach Bedarf mit Salz und Pfeffer. Stellt nun das *cicchetto* zusammen und wechselt dabei Brot und Cremes in folgender Reihenfolge ab: Radicchio, Brennnesseln, Kürbis und Kohl. Die letzte Scheibe wird hauchdünn mit Mascarpone bestrichen und mit Mohnsamen bestreut. Lasst das Türmchen für ein paar Stunden im Kühlschrank ruhen und schneidet es dann in 4cm breite Würfel. Garniert mit einer milden Chilischote, die mit einem Zahnstocher befestigt wird.

Franciacorta, Valpolicella

Sarde in saór *Sauer eingelegte Sardinen*

SAUER Eingelegtes ist ein Hauptbestandteil unserer Küche und Grundlage vieler, schlichter bis ausgefeilter *cicchetti*. Wenn ihr euch in diese venezianische Tradition einfinden wollt, müsst ihr diese Zubereitung ausprobieren. Schneidet 500g Zwiebeln in Scheiben und bratet sie bei geringer Hitze mit einem Schuss Olivenöl an. Wenn sie leicht gebräunt sind, gebt ihr Rosinen, Pinienkerne, Salz und Pfeffer hinzu und löscht mit einem halben Glas Weißweinessig ab. Verringert die Hitze, wenn die Flüssigkeit verdunstet ist. Wascht in der Zwischenzeit 250g Sardinen, entfernt die Köpfe, trocknet sie ab, bemehlt sie, frittiert sie ein paar Minuten lang in Keimöl und lasst sie auf Küchenpapier abtropfen. Ordnet nun Zwiebeln und Sardinen schichtweise an und lasst sie für mindestens 24 Stunden marinieren. Erst jetzt könnt ihr das *cicchetto* komponieren: ein Löffel *saór*, eine frittierte Sardelle, ordentlich gemahlener Pfeffer und einen gehackten Schnittlauchhalm als Verzierung.

Lugana

Scamorza affumicata, radicchio e mandorle *Geräucherter Scamorza, Radicchio und Mandeln*

ES GIBT zwei Gründe dafür, warum die Hauptzutat meiner *cicchetti* Käse ist: Die Vielfalt der Geschmacksrichtungen (vom milden Ricotta bis hin zum würzigen Gorgonzola) und der Unterschied in der Konsistenz (vom Cremigen des Robiola bis hin zum Knusprigen des Parmesan). Geräucherter Scamorza, zum Beispiel, hat nicht nur einen sehr besonderen Geschmack, sondern lässt sich auch in sehr dünne Scheiben schneiden. Für dieses *cicchetto* belegt ihr die Brotscheiben mit einer oder zwei Scheiben Scamorza und mit etwas Radicchio aus Treviso, den ihr zuvor in der Pfanne mit etwas Olivenöl extra vergine angebraten habt. Würzt mit Salz und Pfeffer und bestreut das Ganze mit ein paar Mandelblättchen. Alternativ könnt ihr den Scamorza durch einen milderen Käse wie den Calciotta ersetzen. In beiden Fällen empfehle ich euch das *cicchetto* mit einem Glas Rotwein zu verbinden.

Carmenere

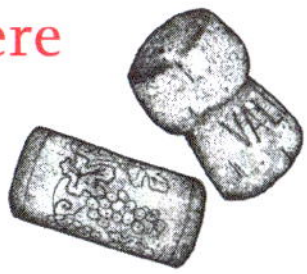

Speck e fichi *Speck und Feigen*

DIESES sehr schnelle *cicchetto*, das einen rauchigen mit einem milden Geschmack kombiniert, ist in drei einfachen Schritten zuzubereiten: Belegt eine Brotscheibe mit einer Scheibe Schinkenspeck; legt ein Stück frische Feige darauf; garniert das Ganze mit ein paar Halmen Schnittlauch.

Aber denkt daran: je einfacher das Rezept ist, umso mehr kommt es auf die Qualität der Zutaten an. Wenn ihr im August in Venedig seid, gebe ich euch einen Tipp. Macht einen Spaziergang bis zur Fondamenta Nuove und nehmt von dort das Vaporetto Nummer 13, das euch zur Insel Sant'Erasmo bringt. Wenn ihr einmal auf dieser kleinen und sehr grünen Insel – *dem Gemüsegarten Venedigs* – angekommen seid, könnt ihr ein Fahrrad mieten und auf Feigenjagd gehen. Entlang der Felder, auf denen *castraure* (violettfarbene Artischocken der Insel Sant'Erasmo) angebaut werden, werdet ihr zig dieser Obstbäume finden.

St. Magdalener

Tartare di tonno e cacao

Thunfischtartar und Kakao

DIES IST mein Paradestück: die Erfindung, an der mir am meisten liegt und das beliebteste *cicchetto* bei meinen Kunden. Ich bereite es zu, indem ich mit einer Gabel drei hart gekochte Eidotter in einer Schüssel zerdrücke und 200g in Öl eingelegten Thunfisch, eine Hand voll kleingehackte Kapern und Petersilie sowie 2–3 Esslöffel Mayonnaise hinzugebe. Ich vermische alles sehr vorsichtig. Nun belege ich die Brotscheiben mit einem Blatt Kopfsalat und dem Thunfischtartar und zum Schluss … streue ich etwas edelbitteres Kakaopulver darüber. Die Kombination scheint gewagt, aber ich versichere euch, dass sie es nicht ist. Mit diesem *cicchetto* habe ich den zweiten Preis bei einem gastronomischen Landeswettbewerb gewonnen, aber mein wahrer Preis ist, den Gesichtsausdruck meiner Kunden zu sehen, nachdem sie es probiert haben.

Prosecco brut

Tonno affumicato e tarassaco

Geräucherter Thunfisch und Löwenzahn

AUCH DER Löwenzahn (im Volksmund auch *pissacane* – Hundepisse – genannt) ist ein Wiesenkraut, das in der venezianischen Landschaft sehr verbreitet ist und sich, wie Brennnesseln, echter Hopfen und Taubenkropf-Leimkraut, hervorragend zum Kochen eignet. Besorgt zwei oder drei Bündel Löwenzahn (300g), wascht sie gut, hackt sie klein und bratet sie etwa zehn Minuten mit Knoblauch, Olivenöl extra vergine, Salz und Pfeffer in der Pfanne. Schneidet geräucherte Thunfisch-Filets (im Handel in vakuumverpackten 200g Portionen erhältlich) in dünne Scheiben und legt eine oder zwei davon auf jede Brotscheibe. Gebt ein wenig Löwenzahn hinzu und würzt mit einer Prise pikantem Paprikapulver und einem Spritzer Balsamico-Essig (cremig). Zu einem rustikalen und zugleich raffinierten *cicchetto* wie diesem braucht es einen vielseitigen Wein.

Sauvignon

Tonno e porro

Thunfisch und Lauch

ES WAR meine Großmutter Caterina, die mich mit dieser Geschmackskombination bekannt gemacht hat, und dieses *cicchetto* war mein erstes, richtiges Experiment im *Bottegon*. Ich habe 100g gut abgetropfte, in Öl eingelegte Thunfisch-Filets mit zwei oder drei Esslöffeln Mayonnaise vermischt und einen Tropfen Brandy – meine Geheimzutat – daruntergemischt, um das Aroma und den Duft hervorzuheben. Diese Creme habe ich auf die Brotscheiben gestrichen und mit ein paar Lauchringen garniert. Ich empfehle euch, den Lauch schon einen Tag zuvor zu schneiden, dann schmeckt er weniger aggressiv. Eine Alternative für mutigere Gaumen? Ersetzt die Lauchringe durch einen gehäuften Esslöffel frisch geriebenen Meerrettich und ein paar Tropfen Balsamico-Essig (cremig).

Prosecco sur lie

Tris di formaggi con crema di pistacchi

Dreierlei Käse mit Pistaziencreme

ZUERST bereitet ihr die Pistaziencreme zu, indem ihr 100g naturbelassene Pistazien, eine Knoblauchzehe, einen Schuss Olivenöl extra vergine und gemahlenen schwarzen Pfeffer fein mit dem Mixer zermahlt (ihr könnt viele Pistaziencremes auch fertig im Supermarkt finden, aber passt auf, dass ihr nicht versehentlich eine der süßen Cremes erwischt). Vermengt vorsichtig 150g Ricotta, 150g Mascarpone und 100g geriebenen Parmesan. Rührt drei Esslöffel der Pistaziencreme unter diese Mischung und streicht sie auf die Brotscheiben. Würzt mit einer Prise Paprikapulver und garniert mit drei geschälten Pistazien. Spürt ihr die Harmonie der Geschmacksrichtungen? Um sie zu betonen empfehle ich euch ein Glas Weißwein aus dem Friaul.

Verduzzo

Tris di saór *Dreierlei sauer Eingelegtes*

EIN weiteres Experiment mit sauer Eingelegtem, der Konservierungsmethode venezianischer Fischer. Dieses Mal schlage ich anstatt von Sardinen drei andere Delikatessen des adriatischen Meeres (je 500g) vor: zarte Krebse ohne Schale genannt *moeche*, kleine Seezungen und Bäckchen vom Seeteufel. *Moeche* sind eine Delikatesse und eine Rarität. Nur zweimal im Jahr durchlaufen die Krebse eine Häutungsperiode: *Moeche* sind nichts anderes als Krebse ohne Panzer, die in der Lagune in eben den Häutungsperioden gefischt werden. Aber kommen wir zur Sache. Wascht die *moeche* und tupft sie mit einem Tuch trocken. Wendet sie in Mehl, frittiert sie in Keimöl und lasst sie auf einem Blatt Küchenpapier abtropfen. Verfahrt mit den Seezungen und den Seeteufelbäckchen ebenso. Legt alles für 24 Stunden sauer ein. Nun ist euer Meeresdreierlei bereit, mit rosa Pfefferkörnern dekoriert und serviert zu werden. Reicht das Brot separat. Venezianisches Gericht, venezianischer Wein:

Seprino

Trota salmonata e porro

Lachsforelle und Lauch

OBWOHL seltener als Lachs- und Schwerfischfilets sind auch die geräucherten Lachsforellen-Filets (in vakuumverpackten 150g Portionen in vielen Supermärkten erhältlich) eine ideale Zutat für *cicchetti*. Wenn sie von diesem Süßwasserfisch hören, rümpfen viele Venezianer, die das Salzwasser im Blut haben, die Nase. Aber sie irren sich, denn die Forelle hat einen besonders delikaten Geschmack und ist dabei auch noch fettarmer als viele Meeresfische. Aber urteilt selbst, wenn ihr dieses *cicchetto* zubereitet. Bedeckt die Brotscheiben mit Pflücksalatblättern und belegt jede mit einer Scheibe Lachsforellenfilet. Würzt mit Salz und Pfeffer und garniert mit ein paar Lauchringen (erinnert ihr euch an den Küchentrick, mit dem ihr den Geschmack des Lauchs mildert?), gebt ein paar Tropfen Balsamico-Essig (cremig) darauf und probiert dazu ein Glas Weißwein.

Sauvignon

SALE.

Uova di quaglia, insalatina e salsa di carote

Wachtelei, Salatblätter und Karottenpüree

WASCHT, trocknet und zerteilt eine ordentliche Handvoll frischer, knackiger Pflücksalatblätter. Bestreicht die Brotscheiben mit einem Hauch Mayonnaise und belegt sie mit ein paar Salatblättern. Auf jede Brotscheibe gebt ihr die Hälfte eines Wachteleis, das ihr zuvor drei Minuten in kochendem Wasser gegart habt. Würzt mit Salz und Pfeffer und garniert das *cicchetto* mit einem Teelöffel Karottenpüree, dessen Zubereitung ich euch in dem vegetarischen Rezept auf Seite 41 erklärt habe.

Gavi

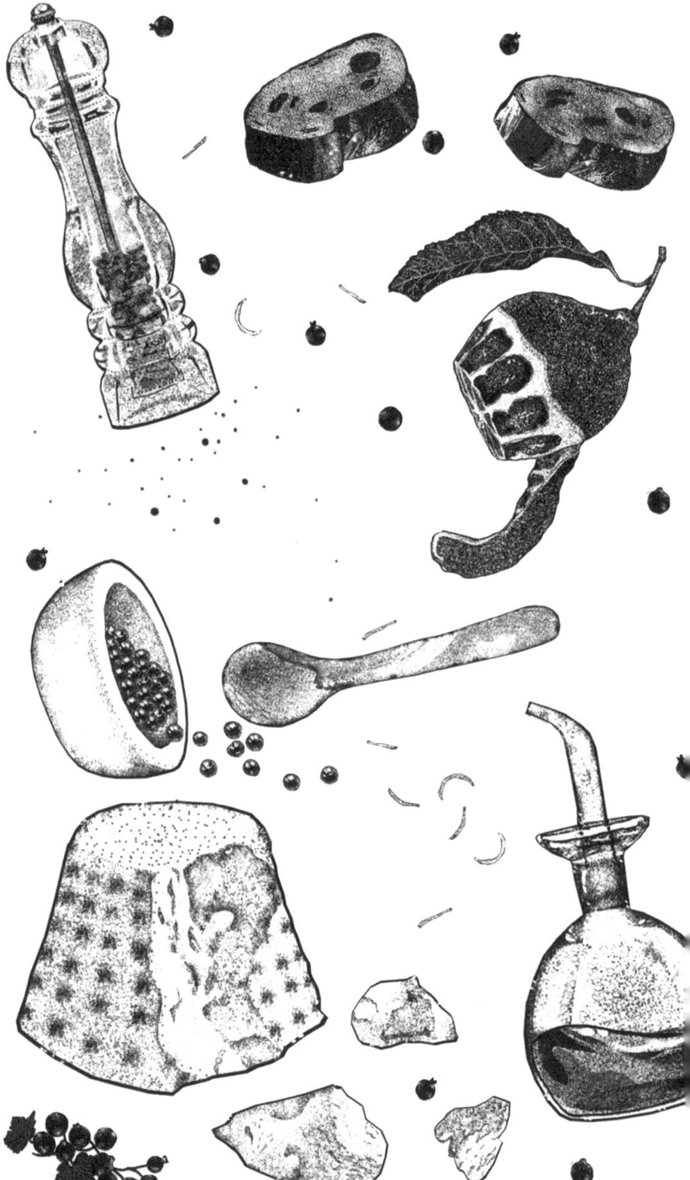

Uova di salmone e ricotta

Lachsrogen und Ricotta

AUCH die Zubereitung dieses *cicchetto* besteht lediglich darin, seine verschiedenen Bestandteile zusammenzusetzen. Zuerst bestreicht ihr jede Brotscheibe mit einer ordentlichen Schicht Ricotta (ihr könnt auch einen anderen cremigen Frischkäse verwenden, wie Robiola oder Mascarpone). Gebt einen Teelöffel Lachsrogen hinzu und würzt mit Olivenöl extra vergine und Pfeffer. Garniert das Ganze abschließend mit geriebener Zitronenschale und zwei oder drei roten Johannisbeeren. Es ist überflüssig, dass ich euch sage, dass dieses *cicchetto* ein Triumph der Farben ist: ein Augen- und ein Gaumenschmaus! Als Alternative zu Lachsrogen könnt ihr ebenso den etwas wertvolleren Rogen vom Stör (oder echten und wahren Kaviar) verwenden. Es handelt sich hierbei natürlich um eine teurere Variante. Ein perlender Wein unterstreicht den Geschmack.

Talento brut

Uova e acciughe

Eier und Sardellenfilet

HALBES EI mit Sardellenfilet (auf venezianisch *Meso uovo co' L'aciugheta*) ist das *cicchetto* schlechthin. Der König der *cicchetti*, der unangefochten alle Theken der *bàcari* in Venedig dominiert. Man braucht dafür kein Brot: es genügt, ein Ei hart zu kochen, zu pellen, zu halbieren, ein in Öl eingelegtes Sardellenfilet und eine in Essig eingelegte Zwiebel daraufzulegen und ordentlich Pfeffer darüber zu streuen. Ein Zahnstocher, um das Ganze zusammenzuhalten und auf einmal greifen zu können. Seine Stärke ist seine Schlichtheit, aber keiner verbietet euch, es mit einem Blättchen Kopfsalat und einem hauchdünn geschnittenen Radieschen zu dekorieren, oder es auf einer mit Orangenmayonnaise bestrichenen Brotscheibe zu servieren.
Zu einem solch traditionellen *cicchetto* sollte ich euch einen venezianischen Wein empfehlen, aber ich ziehe es vor, euch zu einem Wein aus dem Friaul zu raten.

Pinot grigio

Uova e asparagi

Ei und Spargel

DIE weißen Spargel sind eine Spezialität unserer Region (insbesondere von Bassano del Grappa). Wenn der Frühling kommt, versuche ich deshalb sie so oft wie möglich für die Zubereitung von *cicchetti* einzusetzen. Hier eins davon. Sucht zuerst einen schönen Bund Spargel aus. Wascht sie unter fließendem Wasser, entfernt die harten Endstücke und schält sie mit einem Sparschäler, indem ihr von oben nach unten vorgeht. Gart die geschälten Spargel bissfest (al dente) in gesalzenem Wasser, lasst sie abtropfen und auf einem Tuch abtrocknen. Schneidet sie, wenn sie abgekühlt sind, in Stücke von 3–4cm Länge und achtet dabei darauf, dass die Spitzen ganz bleiben. Ihr seid nun bereit, die *cicchetti* zusammenzusetzen: Bestreicht die Brotscheiben mit einem Hauch Mayonnaise und belegt sie mit Scheiben von gekochten Eiern und Spargelspitzen. Würzt mit Öl, Salz und Pfeffer und garniert mit zwei Perlen Balsamico-Essig (cremig).

Breganze di Breganze

Uova e tartufo

Eier und Trüffel

EIER sind Alleskönner: Sie lassen sich auf verschiedenste Arten kochen und mit vielen Lebensmitteln verbinden. Ich habe euch Rezepte mit Sardellenfilet, Spargel, Garnelen, Thunfisch, Zucchini und mit Omelette vorgeschlagen. Dieses Mal empfehle ich, sie mit einer sehr raffinierten und duftenden Zutat zu kombinieren. Bestreicht die Brotscheiben mit einem Hauch Mayonnaise und gebt gehackten Rucola dazu, den ihr zuvor gut gewaschen und abgetrocknet habt. Legt die Hälfte eines gekochten Eis in die Mitte jeder Brotscheibe und bedeckt diese mit ausreichend geriebenen, schwarzen (oder weißen, kostbareren) Trüffeln. Eine etwas weniger teure Alternative ist Trüffelsalsa, die darüber hinaus noch den Vorteil hat, dass sie das ganze Jahr über verfügbar ist. Als Garnitur könnt ihr Pilze verwenden (naturbelassene Steinpilze oder Pfifferlinge), aber das *cicchetto* ist so schon perfekt.

Gewürztraminer

CANTINE del VINO già SCHIAVI

Verdure in saór *Sauer eingelegtes Gemüse*

ICH verabschiede mich mit dem neuesten Experiment, gedacht für diejenigen, die keinen Fisch mögen aber dennoch nicht auf sauer Eingelegtes verzichten wollen. Auch Gemüse eignet sich ideal: gegrillte Auberginen, gebratener Radicchio (ich habe euch bereits erklärt, wie man ihn anbrät) oder frittierte Kürbisblüten. Bereitet zuerst den Teig vor, indem ihr mit einem Quirl 150g Mehl und ein Glas eisgekühltes Sprudelwasser (oder Bier) vermischt, bis die Mischung klümpchenfrei ist. Taucht zehn gewaschene und von Stängel und Stempel befreite Kürbisblüten hinein und frittiert sie dann in einer Pfanne mit Keimöl. Nehmt sie mit einem Schaumlöffel heraus, sobald sie leicht gebräunt sind. Legt sie auf Küchenpapier zum Abtropfen und gebt sie in die saure Mischung, die ihr nach meinen Angaben in dem Rezept der sauer eingelegten Sardinen vorbereitet habt. Und? Was meint ihr? Kommt und sagt es mir im *Bottegon*, in Fondamenta Nani 992, Dorsoduro, Venedig.

Garganega

CANTINE del
992

NO · già SCHIAV

← Alessandra mit Paolo, Tommaso und Piero vor dem Bottegon

HANNS-JOSEF ORTHEIL

Ombra und Cicchetti im Bàcaro. Über venezianische Rituale der »kleinen Mahlzeit«

I

Das *Al Bottegon* kenne ich seit meinen ersten Venedig-Aufenthalten in den frühen siebziger Jahren. Es liegt nicht weit entfernt vom lang gestreckten Uferquai der *Zattere*, auf dem die Venezianer besonders nachmittags und abends das Sonnenlicht genießen. Sie gehen dort betont langsam spazieren, oder sie nehmen in einem der vielen Cafés direkt am Wasser Platz und schauen hinüber zur Insel *Giudecca*.

Beliebt sind die *Zattere* als einer der wenigen vollkommen geraden und dazu noch breiten Flanierwege der Stadt. Kaum von Brücken unterbrochen, reichen diese Wege vom Hafengelände (mit seinen Behörden und Bauten) bis zur *Punta della Dogana*, dem alten Zollgebäude, in dem heute ein Museum untergebracht ist.

Bekannte Venedigreisende wie Rainer Maria Rilke oder John Ruskin haben an den *Zattere* gewohnt und die unvergleichliche Atmosphäre dort genossen. Venedig war in früheren Zeiten hier noch nicht von Touristen überlaufen, und der Sestiere *Dorsoduro*, zu dem die *Zattere* gehören, galt als eine Gegend für Künstler, Musiker und Schriftsteller, die sich aus ganz unterschiedlichen Gründen angezogen fühlten.

Die Künstler hielten sich gern in der bedeutendsten Kunstsammlung der Stadt, der *Accademia*, auf, die Musiker kamen wegen der Kirchen, in denen es beachtlich viele Konzerte gab, die zu den besten in ganz Venedig gehörten, und die Schriftsteller suchten den Kontakt mit den Lehrern und Studenten der Universität, die viele ihrer Unterrichtsräume in *Dorsoduro* untergebracht hat. So war das Terrain an den *Zattere* und den dahinter gelegenen Gassen und Kanälen immer ein besonders »venezianisches«, abseits von San Marco, dem Dogenpalast und den großen Luxushotels. Zwar ist *Dorsoduro* heute nicht mehr der abgelegene Sestiere von früher, das Viertel hat sich aber (gerade auch durch die Anwesenheit von Studenten und jungen Leuten) einen ganz eigenen, besonders lebendigen Charakter bewahrt (ORTHEIL / *Venedig*, S. 71 ff.).

2

Hält man sich an der Anlegestelle der Vaporetti (die nach den *Zattere* benannt ist) nach links und biegt wenige Meter danach rechts ab, so geht man die *Fondamenta Nani* entlang. Bald erkennt man gegenüber, auf der anderen Seite des *Rio di San Trovaso*, eine der ältesten Gondelwerften der Stadt (*Squero di San Trovaso*), in der noch heute Gondeln repariert oder gebaut werden. Einige liegen im Freien und ergeben ein pittoreskes Bild, an anderen wird in überdachten Holzhütten gearbeitet. Ihre Besonderheit und Herkunft erklären sich die Venezianer dadurch, dass viele der Arbeiter früher aus den Dolomiten hierher gekommen sind und die Bauweise ihrer heimischen Holzhütten angeblich mit nach Venedig gebracht haben.

Zur Rechten schließt sich der Kirchenbau von *San Trovaso* an, in dessen Querschiff man auf ein *Letztes Abendmahl* des großen venezianischen Malers Jacopo Tintoretto (1518–94), trifft. Es ist ein Bild, das mich gleich beim ersten Sehen beeindruckt hat und das ich danach nie mehr vergessen habe.

Anders als auf dem berühmteren *Abendmahl* Leonardo da Vincis sitzt Christus mit seinen Jüngern hier nicht in einer langen Reihe hinter dem Tisch. Vielmehr verteilen sich die Jünger darum, sie sitzen in dichter Runde und eng beieinander, nur Christus erscheint als eine einzelne, herausgehobene Gestalt in der hellen Bildmitte.

Dass der Tisch beinahe verschwindet, liegt auch daran, dass jeder der Jünger in Bewegung ist. Einer (gleich im Vordergrund) beugt sich quer über ihn, ein anderer hält sich mit der einen Hand an ihm fest, während er mit der anderen nach einer Weinkaraffe auf dem Boden greift. Anscheinend rührt die starke Bewegung aller daher, dass Christus gerade etwas Bedeutsames gesagt hat. Dieses gerade Gesagte scheint die Jünger zu überraschen, denn beinahe alle zeigen sich ergriffen oder sogar getroffen.

Eine Lektüre der Evangelien sagt uns, welche Abendmahlszene Jacopo Tintoretto gemalt hat. Jesus und die Jünger haben Platz genommen, da ergreift Jesus das Wort und erschreckt sie mit dem Satz, dass einer von ihnen ihn verraten werde. »Herr, bin ich's?« fragen sie, aufgewühlt und erregt. Und genau diese Erregung ist es, die Tintoretto in jeder Figur auf andere Weise hervortreten lässt. So erkennen wir eine Runde von zutiefst beunruhigten Menschen, die noch gar nicht an die bevorstehende Mahlzeit denken.

Von Speisen oder Getränken ist daher kaum etwas zu sehen. Nutzten andere Maler die Gelegenheit, mit farblichen Details der Mahlzeit zu locken und mit edlen Gläsern, Krügen, Tellern oder mit kostbarem Besteck zu prunken, so findet man auf Tintorettos *Letztem Abendmahl* nur einige wenige, sehr einfache und noch nicht angerührte Speisen. Das *Abendmahl* hat noch nicht richtig begonnen, vorerst wurde (wie noch heute üblich) nur etwas Brot für die erste Sättigung gebracht, während Wein und Wasser noch auf sich warten lassen.

Die Szene stellt daher nicht das eigentliche Ereignis (die Verwandlung von Brot und Wein), sondern seine Vorstufe und Einleitung dar: Christus hat das Wort ergriffen, die Jünger haben ihre Plätze noch nicht ordentlich eingenommen. Vielmehr herrscht das kleine Chaos nach dem Eintreffen in der schlichten Behausung, eine starke Unruhe bestimmt die Szene, das Ritual steht noch bevor. Erst werden die Jünger sich untereinander zu verständigen suchen, und Jesus wird einem von ihnen auf den Kopf zusagen, dass er der Verräter sein wird. Nach diesem Disput wird das Abendmahl und damit die Verwandlung von Brot und Wein beginnen.

Tintorettos *Abendmahl* erzählt also vom Platznehmen der Jünger, von den ersten Worten Jesu und von ihrem Nachhall. Genau das hat mich beim ersten Sehen so beeindruckt: Nicht die hochfeierliche, stille Szene der Verwandlung wird hier vor Augen geführt, sondern das eher chaotische, laute Präludium einer Runde, der die spätere gemeinsame Mahlzeit noch bevorsteht.

3

Nach dem Verlassen von *San Trovaso* durch den Seitenausgang stand ich also in den frühen siebziger Jahren wieder am *Rio di San Trovaso* und erkannte wenige Meter zur Linken eine schmale Brücke. Sie führte direkt auf einen Laden oder ein Geschäft zu, von dem ich auf den ersten Blick annahm, dass es eine Weinhandlung sein müsse. Draußen vor der Tür standen jedenfalls Menschen mit Weingläsern in reger Unterhaltung, und anscheinend herrschte auch im Innern des Ladens jene erregte Stimmung vor dem Ritual großer Mahlzeiten, die ich gerade noch auf Tintorettos Bild studiert hatte.

Ich überquerte die Brücke und schaute zunächst vorsichtig durch das Fenster in den Laden. Die Wand zur Linken war voller Weinflaschen in großen Regalen, die bis zur Decke reichten. An dieser Wand entlang standen wiederum kleine Gruppen von Weintrinkern. Gegenüber der Wand gab es einen Tresen, an dem der Wein ausgeschenkt wurde, und vorne, am Eingang, traf der Tresen auf eine große Glasvitrine.

Sie war voller Teller mit den unterschiedlichsten kleinen Speisen, deren Bestandteile auf Zetteln notiert waren. Hinter dem Tresen aber stand die Frau, die diese bunten, malerischen Wunderwerke mit der Hand anfertigte. Sie blickte auf ihre Arbeitsplatte und war gerade dabei, weitere dieser Köstlichkeiten herzustellen, die von den Weintrinkern bestellt und zum Wein gegessen wurden. Immer wieder löste sich einer von ihnen aus der Runde, steuerte auf die Vitrine zu, ging sie prüfend entlang, wechselte einige Worte mit der Künstlerin und ließ sich eines der Häppchen in die Hand reichen, um es langsam zu verzehren.

Eine Weinhandlung also mit Ausschank und beinahe winzigen, den Wein begleitenden Speisen? War es das? Jedenfalls gab es drinnen weder Stühle noch Tische, alle Gäste standen, und kaum einer von ihnen war allein. Es schien sich also ganz nebenbei auch um einen beliebten Treffpunkt von Personen zu handeln, die vielleicht (so stellte ich es mir vor) in der Nachbarschaft wohnten und dann und wann vorbei kamen, um hier ein Glas Wein zu trinken, eine Kleinigkeit zu essen und sich über die neusten Nachrichten auszutauschen.

Ähnliches hatte ich damals noch nicht gesehen, und als ich die »Weinhandlung« betrat, ahnte ich nicht, dass ich mich damit in einen Raum einiger typisch venezianischer Rituale begab. Denn es handelte sich ja keineswegs um eine beliebige Weinhandlung mit Ausschank, sondern um einen sogenannten *Bàcaro*, in dem eine *Ombra* Wein ausgeschenkt und dazu kleine *Cicchetti* (so das Fachvokabular der Rituale) angeboten wurden.

Genau um diese Trias kreisten die Rituale des Treffpunkts, deren Besonderheiten ich dann allmählich entdeckte. Sie entsprachen so sehr dem, was ich mir immer von kleinen

Mahlzeiten außerhalb von Restaurants oder Lokalen erhofft hatte, dass ich von der ersten Bestellung an geradezu begeistert war. In diesem *Bàcaro* erlebte ich anscheinend die kleine Mahlzeit für zwischendurch, im Stehen und während eines Spaziergangs genossen, als Appetit anregende Vorstufe zu einer darauf folgenden, größeren. Vielleicht machten diese kleinen Köstlichkeiten die größere Mahlzeit aber auch unnötig und befriedigten den Appetit als eine raffinierte Folge von sehr verschiedenen, kunstvoll miteinander kombinierten Zutaten.

Hätte es zu Zeiten Jesu schon *Bàcari* gegeben, dachte ich damals (noch immer vom *Letzten Abendmahl* Tintorettos beeindruckt), hätten die Jünger dort nicht ihre vorabendliche Erregung dämpfen und zu sich kommen können? Sie hätten sich angeregt unterhalten und am Ende vielleicht um Jesus geschart, um sich mit ihm in einer nahe gelegenen *Osteria* zum Abendmahl einzufinden. Der erste Appetit und der erste Trinkgenuss wären gestillt worden, und das Redebedürfnis hätte sich ebenfalls fürs erste stillen lassen. In der *Osteria* hätten alle dann ruhig und entspannt nebeneinander, in langer Reihe, an einem Tisch Platz genommen, um den Worten Jesu ungestört und konzentriert zu lauschen.

4

Damals, in den siebziger Jahren, wusste ich natürlich noch nicht, dass es sich bei der Wirtin hinter der Glasvitrine um Alessandra De Respinis, die eigentliche Erfinderin der venezianischen *Cicchetti*-Artefakte, handelte. In ihrem Vorwort zu diesem Buch erzählt sie davon, dass bereits seit dem Ende des neunzehnten Jahrhunderts an der Stelle des (heute *Al Bottegon* genannten) *Bàcaro* eine Weinhandlung mit dem Namen *Cantine del Vino già Schiavi* existiert habe. Von solchen Weinhandlungen gibt es noch heute in jedem venezianischen *Sestiere* gleich mehrere.

Die Venezianer lassen sich dort den jungen Wein aus Fässern in Karaffen oder Glasballons abfüllen und kommen alle paar Tage vorbei, um ihren Vorrat zu erneuern und den Wein für die Mittags- und Abendmahlzeiten mit nach Hause zu nehmen. Eine solche Weinhandlung ist oft auch ein kleiner Ausschank, man hält sich dort für den Genuss von einem Glas Wein auf und bespricht die Neuigkeiten mit dem Besitzer. So gesehen, ist die Weinhandlung ein Pendant zu einer Bar, in der man ebenfalls nur kurz (auf einen *Caffè*, einen *Cappuccino* oder einen *Latte macchiato*) vorbeischaut, ein paar Worte wechselt und wieder verschwindet.

Weinhandlungen und Bars sind also kleine Belebungsinseln, die während eines Tages immer wieder in unterschiedlicher Folge aufgesucht werden und im Tagesverlauf kurze Genussakzente setzen. In Venedig sind sie besonders beliebt, weil die Veneziianer außer Haus nur zu Fuß unterwegs sind. Sie durchlaufen die schmalen *Calli*, überqueren eine Brücke nach der andern, kaufen ein, erledigen dies und das, nehmen Kontakte mit Freunden und Bekannten auf und kreisen so (meist auf immer denselben Wegen) durch ihr *Sestiere*. Dabei bedürfen sie in regelmäßigen Abständen der Stärkung und der Abwechslung, und genau das bescheren Weinhandlungen und Bars.

5

Dass es zum Wein *Cicchetti* gibt, war in den frühen siebziger Jahren noch keineswegs üblich. Man servierte dünne Scheiben Brot oder auch einige Stücke Käse, manchmal gab es dazu auch Anchovis oder Mortadella. Kaum jemand aber hatte bis zu diesem Zeitpunkt daran gedacht, die Brotscheiben mit mehreren unterschiedlichen Zutaten zu belegen und daraus ein minimalistisches kulinarisches Kunstwerk zu machen.

Solche Überlegungen orientierten sich an der Struktur eines Baus: Unten gab es ein schmales Fundament (das Brot), und auf diesem Fundament setzten mehrere miteinander verbundene oder ineinander übergehende Stockwerke auf, von denen jedes einzelne eine Komponente zum Gesamtgeschmack beisteuerte.

Die geradezu geniale Grundidee dabei war: das Schmecken und Probieren durch diesen Bau animieren, leiten und von einer Komponente zur anderen vordringen zu lassen. Kosten sollte der Esser jeweils einzelne Zutaten im Gegen- und Zusammenspiel – und das alles in Form eines geschlossenen, kleinen Gebildes, dessen Komponenten sich auf der Zunge zu einer Komposition verdichteten.

Cicchetti aus der Produktion von Alessandra De Respinis wurden so zu experimentellen

Werkzeugen der venezianischen Geschmacksbildung. Durch ihren Genuss testeten die Esser die Eigenarten ihres besonderen regionalen Geschmacks anhand von Produkten, die in der unmittelbaren Umgebung angebaut und geerntet worden waren.

Was man sich da auf der Zunge zergehen ließ, waren nämlich die Intensitäten des agrarischen Lagunenraums sowie der agrarischen *Terra ferma*, kontrastiert mit dem, was die Wasserterrains von Lagune und Meer für den Verzehr bereithielten. Indem man Erd- und Meereserzeugnisse miteinander verband, kostete man von zweierlei Elementen erlesener Ernte, von der Ernte der Bauern und der Ernte der Fischer. In den vielfältigen Formationen der *Cicchetti* genossen, erhielten diese Verbindungen eine kulinarische Struktur und eine an gastrosophischen Ideen orientierte Gestalt.

Zwischen Glasvitrine und Tresen ereignete sich außerdem aber noch das Wechselspiel von *Cicchetti* und Wein. Als junger Novize erkannte ich, dass Alessandra De Respinis für die Speisen zuständig war und ihr Mann Lino den Wein einschenkte. Beide standen wie ein unzertrennliches Duo dicht nebeneinander und unterhielten sich mit ihren Kunden, während neue *Cicchetti* erfunden und der jeweils passende Wein dazu gesucht wurden. Kontrastierten die *Cicchetti* im Idealfall agrarische Produkte mit maritimen, so überhöhte und steigerte der Kontrast von *Cicchetti* und Wein den Grundkontrast der Speisen noch um eine weitere Komponente, die von den Winzern der näheren Umgebung in das Gesamtritual mit eingebracht wurde.

Ein für die Gäste nicht zugänglicher Hinterraum deutete auf deren allgegenwärtige Präsenz, denn dort befand sich das Weinlager. Ich schaute durch einen schmalen Durchgang und erkannte die vielen Kisten und Fässer, die dort, abseits von der Kundschaft, wie ein Schatz gehortet waren.

Damals konnte ich mir für eine kleine Mahlzeit kaum einen schöneren und zu Venedig passenderen Ort vorstellen als diesen *Bàcaro*. Selbst einem finanziell nicht gut ausgestatteten Studenten wie mir erlaubte er die intensive Teilhabe an der venezianischen Geschmackskultur. Ich konnte leicht verschmerzen, dass ich nicht in den Genuss teurer, großer Mahlzeiten kam, denn ich wusste ja: Immer wenn ich Appetit verspürte, konnte ich mich im *Al Bottegon* einfinden, um dort verführt und überrascht zu werden.

6

Alessandra De Respinis hat ihre raffiniert ausgeklügelten Rezepte jahrzehntelang geheim gehalten. Erst in Gestalt dieses *Cicchettario* wurden sie öffentlich und damit Empfehlungen für all die Leserinnen und Leser, die sie zum Vorbild für weitere, selbst erfundene Variationen nehmen. »Ich habe probiert, probiert und noch einmal probiert« – das ist das Credo dieses Buches, das sich damit ganz direkt an die Leserinnen und Leser richtet: Probiert auch Ihr, tut es mir nach, erfindet Neues, so wie ich unermüdlich Neues erfunden habe!

Solche suggestiven Töne in den sonst so schlanken und komprimierten Texten deuten an, als was sich der *Cicchettario* versteht: Er ist ein Vermächtnis, das sich in erster Linie an die eigenen Söhne sowie die Enkelinnen und darüber hinaus an jene Leserinnen und Leser richtet, die seine Vorgaben aufgreifen, imitieren und von dieser

Nachahmungskunst aus zu eigenen, selbstständig entwickelten »Werken« vordringen.

Animation ist daher ein zentraler Zug dieses Buches, und man merkt seiner freundlichen, bescheidenen Suada in jedem Moment an, dass der Untergrund dieser Absicht die Begeisterung für das Schöne ist, die Sorge um das Wohl der anderen und die stolze Präsentation von Produkten der näheren Umgebung.

Schaut man sich die Rezepte daraufhin genauer an, begibt man sich in den durch bestimmte gastrosophische Leitideen formierten Bereich detaillierter Strukturen. Meist ist das (unbearbeitete, geröstetete oder getoastete) Brot die Grundlage für die weitere Komposition. Auf dieser Grundlage können rohe, blanchierte oder gekochte Zutaten (Salat, Gemüse) aufsitzen. Sie wiederum sind eine Art weiches Bett für die stärkeren Akzente: Fischfilets, Garnelen, Tintenfischstücke oder Ricotta sowie Käsestücke.

Von unten nach oben wechseln im Bau eines *Cicchetto* also verschiedene Grade der Zubereitung ab. Das Brot kann weich und nachgiebig sein, aber auch krustig und fest. Auf jeden Fall ist es pure, nur wenig bearbeitete Materie. Erst das Bett von Salat und Gemüse bringt Saures oder Süßes, Scharfes oder Bitteres ins Spiel. Auf diesem Bett thronen die zentralen, festeren Komponenten eines *Cicchetto*, die es krönen, aber eben keineswegs beherrschen: Filets, Käse- oder Wurststücke.

Der Dreiklang von Grundlage (Brot), Bett (Salat, Gemüse) und Thron (Fisch, Wurst, Käse) bildet die Urstruktur. Von größter Bedeutung sind daneben aber die Salsas, Cremes oder Pürees, die gleichsam die Fugen zwischen diesen drei Elementen schließen. Sie sorgen für Verbindungen und Überleitungen und dafür, dass ein *Cicchetto* durchatmet. So erst unterscheidet es sich vom festen, starren Bau zum Beispiel eines *Sandwichs* oder eines *Burgers* und erhält Leben. Der Dreiklang gerät in Schwingungen, es tun sich Seitenpfade und vitale Nachbarschaften auf, der Bau vibriert.

Die Grundvoraussetzung für dieses Komponieren ist aber der präzise Blick auf die Details. Jede Zutat erscheint in den Rezepten als eine eigenständige, Ausstrahlung und Wirkung entfaltende kleine Preziose, die in den Ring der anderen Preziosen eingeschmolzen wird. Damit das geschieht, wird sie zunächst gemustert und studiert. Was bringt sie ein in den Reigen des Ganzen? Eine Farbe? Eine Geschmacksnuance? Eine (runde, quadratische, eckige) Struktur?

So entsteht ein Rezept sehr allmählich durch ein Komponieren in gleich mehreren Hinsichten. Jedes Mal geht es von »ersten Bestandteilen« aus, ohne schon um die weiteren zu wissen. Keine Idee vom Ganzen liegt seiner Entstehung zugrunde, sondern die Idee einer momentanen, schrittweisen Überprüfung und Erweiterung. Wird eine neue Zutat hinzugefügt, wird sie zu einem Motiv, das mit den bereits vorhandenen Motiven zu tun bekommt, gleichzeitig aber auch benachbarte Motive anlockt.

Man könnte sagen: Alessandra De Respinis Rezepte haben dadurch etwas »Szenisches«. Auf der Bühne der Arbeitsplatte treten einzelne Gestalten und Figuren auf, die fortlaufend so etwas wie »Konversation« betreiben. In diesem Sinn sind die Zutaten »Stimmen« und »Charaktere«, die ein gastrosophisches Puppentheater von Motiven und Themen gestalten. Das Innenleben eines *Cicchetto* spielt dabei als Innenleben einer bestimmten Gestalt psychologisch temperiertes Binnentheater, um mit den anderen *Cicchetti* das größere, geweitete Theater der venezianischen Geschmackskulturen zu inszenieren.

Was ist dann aber ein *Bàcaro*? Er ist die Bühne für die Augen, Lippen und Zungen Venedigs, und er bietet den Experimentierraum und den Anschauungsunterricht für ihre exakte Schulung.

7

Dass jede einzelne Zutat in den Rezepten des *Cicchettario* zunächst einmal für sich steht, genau betrachtet und in ihrer möglichen Wirkung studiert wird, stellt dieses Buch in die lange, ruhmreiche Tradition der jahrhundertealten venezianischen Kochbücher seit der Neuzeit.

Den prüfenden, abwägenden Blick auf die einzelne Zutat finden wir in den meisten mittelalterlichen Manuskripten nämlich nicht. Die Kochkunst bringt hier noch unterschiedliche Gewürze in großer Zahl ins Spiel, und genau auf diese Vielzahl kommt es an (und keineswegs auf deren Differenzierung). Die Gewürze stimulieren, zusammen mit nicht klein geschnittenem, sondern höchstens grob geteiltem Gemüse sowie den unterschiedlichen mitgekochten Fleischsorten, die oft in einem großen Kessel angerichtete Speise. In seinem voluminösen Leib gehen die einzelnen Ingredienzien unter, sie zerfallen oder zerfließen und opfern ihre eigentliche Struktur dem Gesamtgeschmack einer Suppe, eines Eintopfs oder eines Ragouts. Nicht die Trennung und Herausarbeitung einzelner, miteinander kombinierter Geschmacksnuancen ist von Bedeutung, sondern das Ganze eines meist stark überwürzten Gerichts (SCHIANCA / *La cucina medievale*).

In einem anonymen, teilweise im späten vierzehnten und dann noch umfangreicher im fünfzehnten Jahrhundert konzipierten Manuskript eindeutig venezianischer Herkunft, dem *Libro per cuoco* des *Anonimo veneziano*, findet man jedoch bereits Rezepte (für zwölf Personen), die schon vom modernen, neuzeitlichen Blick auf die spezifische Dynamik bestimmter Zutaten geprägt sind. Das beweist der zurückhaltende, kalkulierte Einsatz von Kräutern ebenso wie die Fülle von Salsas, Cremes und Tartars, die eine große Palette sehr unterschiedlicher, genau benannter Geschmacksrichtungen anstreben (*Arte della cucina*, S. 59 ff.).

Der entscheidende Durchbruch zum neuzeitlichen Verständnis von Kochkunst findet sich jedoch im *Libro de arte coquinaria* des (aus dem Tessin stammenden) Martino de Rossi (auch Martino da Como oder kurz Maestro Martino genannt), des Leibkochs des Patriarchen von Aquileia (um 1450 entstanden): »Martino da Como ist der erste moderne Koch, dessen Rezepte man wirklich lesen kann, der eine in sechs Kapitel geordnete Kochlehre präsentiert, statt brav Anweisungen in einem Manual zu notieren.« (PETER / *Kulturgeschichte der italienischen Küche*, S. 74.)

So widmet Martino sich detailliert und konkret den Entstehungsprozessen der einzelnen Mahlzeiten. Seine Rezepte sind keine simplen Diktate, sondern Schritt für Schritt dargestellte Kochvorgänge, die manchmal sogar unterbrochen werden, um Varianten dieser oder jener Art zu diskutieren. Dadurch erhalten die Gerichte etwas von Artefakten, die sich einer laufend reflektierten, nachdenklichen Komposition verdanken (*Arte della cucina*, S. 115 ff.).

Das differenzierte Kochen macht den Einsatz jeder einzelnen Zutat zu einem kleinen Wagnis, dessen Spuren und Wirkungen genau verfolgt werden. Um so zu arbeiten, bedarf es vieler neuartiger Kochgeräte und Küchenmöbel, die eine präzise Behandlung der einzelnen Zutaten (säubern, schneiden, blanchieren etc.) erlauben. Dadurch erweitert sich der Küchenraum. Er ist nicht mehr auf eine einfache Herdstelle (und damit auf das Feuer) konzentriert, sondern bedarf noch weiterer Arbeitsplätze, an denen die Zutaten präpariert und für ihren späteren Einsatz bereit gehalten werden.

Statt der einen Herd- und Kochstelle gibt es nun viele kleinere Herde und Tische, die einen experimentellen Umgang mit den Bestandteilen einer Mahlzeit möglich machen. Der Küchenraum wird so zu einem Labor, das durch die Vielzahl seiner einzelnen Arbeitsplätze und die eindrucksvolle Menge an Kochgeräten durchaus Ähnlichkeiten mit einer künstlerischen Werkstatt (oder einem Atelier) hat.

Dadurch verändert sich das kulinarische Drama der Kochvorgänge erheblich. Das Rezept »durchdenkt« die Entstehung eines neuen »Werks«, die nicht vorher feststeht, sondern sich unterschiedlichen Akten empirischer Aufmerksamkeit verdankt: »Innovativ ist Martinos didaktisch-empirischer Ansatz: Er begnügt sich nicht damit, die Zutaten in einen Topf zu schütten, sondern studiert vorher ihre Natur, Kocheigenschaften und Verträglichkeit. Der Tessiner gibt erste Tipps zu Dosierung und Kochzeit, die ältere Autoren gern als professionelles Geheimwissen verbargen. Und er nimmt sich die Freiheit, augenzwinkernd zu scherzen: ›Wenn's Gelb aussehen soll, kannst Du Safran hinzufügen.‹ Nicht mehr um Generationen weitergegebenes Handzettelwissen, sondern ein eigenständiges, logisches, behutsam kreatives System der Kochkunst macht Martino da Como zum Protagonisten moderner Kochbücher.« (PETER / *Kulturgeschichte der italienischen Küche*, S. 77/78.)

8

Im späten fünfzehnten Jahrhundert (1474) erscheint in Venedig dann das erste gedruckte Kochbuch, das gleich eine ganze Welle an Nachdrucken und epigonalen Formaten auslöst. *De honesta voluptate et valitudine* ist das lateinisch verfasste Werk des Bartolomeo Sacchi (1421–81), eines der bedeutendsten Humanisten der Zeit. Sacchi ist unter Papst Sixtus IV. Bibliothekar der Vatikanischen Bibliothek in Rom und schon von daher mit den Quellen gut vertraut.

Er hat Martino da Comos Werk nicht nur gelesen, sondern verwendet es für sein Buch ganz direkt und ausdrücklich. So übernimmt er dessen Rezepte, verändert sie hier und da geringfügig und passt sie in seine eigenen Überlegungen ein. Freimütig gibt er zu, dass große Teile seines Werks lediglich Übernahmen von Martinos wegweisenden Rezepten und Experimenten seien.

Bartolomeo Sacchi, der sich den lateinischen Autorennamen Platina gab, war kein Koch, sondern in einem umfassenderen Sinn an der Kochkunst interessiert. Ihm geht es um eine Philosophie des maßvollen Genusses, dessen Vorläufer in der Antike zu suchen sind. So beginnt er in seinem ersten von zehn Büchern mit Überlegungen zu einem gesundem Leben – es geht um wohltuenden Schlaf (und nicht übertrieben häufigen Beischlaf), um Leibesübungen, frühes Aufstehen und damit um all jene zu durchdenkenden und gewissenhaft zu planenden Methoden kontrollierter Lebensführung, die schon die Philosophie der antiken Lebenskunst diskutiert hat (FOUCAULT / *Ästhetik der Existenz*).

Vor dem Hintergrund dieser in philosophischem und ethischem Sinn geführten Überlegungen erhält das Kochen dann seinen zentralen und bedeutenden Platz. Bevor der eigentliche Rezeptteil des Buches beginnt, geht Sacchi in mehreren Kapiteln die Elemente der Kochkunst einzeln durch. Er beginnt mit Salz und Brot und widmet sich dann den Obstsorten in kurzen, prägnanten Kapiteln.

Herkunft und Besonderheiten einer jeden Zutat werden exakt und elegant beschrieben, Pomeranzen-, Zitronen- und Dattelbäume werden im zweiten Buch detailliert studiert, und weiter geht es im dritten Buch mit Nüssen, Kastanien, Pistazien sowie mit Zwiebeln, Knoblauch und Gewürzen (Sacchi / *De honesta voluptate et valitudine*).

Es sind genau diese Exerzitien der konkreten Anschauung, die Bartolomeo Sacchis

Buch zu einem Urtext der italienischen Idee von Kochkunst machen. Sie verdanken sich einer Lust am Betrachten, Schauen und Zergliedern, die etwas von der Schaulust der gleichzeitig in ganz Europa triumphierenden italienischen Malerei hat.

Denn wie in kaum einem anderen europäischen Land sind Kochkunst und Bildende Kunst seit den Zeiten von Humanismus und Renaissance in Italien eng miteinander verbunden. Sie entstehen aus denselben Wurzeln und befruchten sich gegenseitig. Die Köche lassen sich von den Bildern der Maler inspirieren, und die Maler präsentieren die Errungenschaften der Kochkunst auf ihren Gemälden.

9

Bartolomeo Sacchis philosophisch inspirierte Theorie und Praxis der Kochkunst bildete mit all ihren sehr weitreichenden Neuauflagen, Nachahmern und Übersetzungen (die deutsche Übersetzung, *Von der eerlichen zimlichen auch erlaubten Wolust des leibs*, erschien 1542 in Augsburg) die Grundlage für den gastrosophischen Diskurs der Moderne. Sie war eine der wichtigsten Quellen für jene Rhetorik, die bald auch in die private Konversation Einzug hielt. Von ihren Ausprägungen und Besonderheiten berichtet Michel de Montaigne (1533–92) wenig später bereits in seinem Essay *Über die Eitelkeit der Worte.*

Montaigne erzählt dort von einer Begegnung mit dem italienischen Haushofmeister des Kardinals Caraffa, den er im Gespräch nach seinen Aufgaben und Pflichten befragte. Was er daraufhin zu hören bekam, war ihm so noch nie zu Ohren gekommen. Eine neue Wissenschaft präsentierte sich (in für Montaigne befremdlicher Form) und artikulierte sich mit Begriffen und Gedankengängen, die dem besonnenen Philosophen Montaigne übertrieben und eitel erschienen.

In Wahrheit aber hatte er es, ohne es zu ahnen, mit jener Sprache, jenem Vokabular und jenen Fragestellungen zu tun, die längst zum italienischen gastrosophischen Diskurs gehörten und den Siegeszug der italienischen Kochkunst in ganz Europa begleiteten.

Erstaunt und konsterniert vermerkt Montaigne, wie sich die Begegnung mit dem Haushofmeister gestaltete: »Daraufhin hielt er mir einen langen Vortrag über die *Gaumenwissenschaft*, und dies mit derart wichtiger und ehrfurchtgebietender Miene, als hätte er mir einen Kernpunkt der Theologie darlegen wollen. So weihte er mich in die Rangordnung der Appetite ein: Jener, den man bei nüchternem Magen hat, ist anders als der nach dem ersten, der nach dem zweiten, der nach dem dritten Gang; dann in die Mittel, sie bald zu befriedigen, bald erst zu erwecken und anzustacheln; dann in die Einteilung und Zubereitung seiner Soßen, erstens allgemein, zweitens einzeln gemäß den Eigenschaften der Zutaten und ihrer Wirkungen; dann in die Unterschiede zwischen den Salaten je nach Saison: welche man wärmen muss und welche kalt aufgetragen werden wollen, und wie sie zu garnieren und schön herzurichten sind, damit sie auch einen gefälligen Anblick bieten. Schließlich verbreitete er sich über die rechte Art des Servierens, wobei er eine Fülle schöner und wichtiger Gedanken einflocht, denn *beim Tranchieren kommt es wahrlich darauf an, dass man Huhn und Hase unterscheiden kann.* All das war von großartigen und wohltönenden Worten aufgebläht, wie man sie zu verwenden pflegt, wenn es um die Erörterung der Regierung eines Weltreichs geht.« (MONTAIGNE / *Essais*, S. 460/461)

10

Michel de Montaigne wusste nicht, dass er mit all seinem Spott und seiner Ironie einen wahren Kern traf. Denn in der Tat hatte sich in Italien – und in besonderem Maß in Venedig – eine gastrosophische Rhetorik feinster Nuancen etabliert, die sich der Regierung eines kulinarischen Weltreichs widmete. Seit Jahrhunderten war die reiche und schöne Stadt in der Lagune eines der bedeutendsten Zentren des Gewürzhandels und sämtlicher Zutaten, die man für eine sich immer mehr verfeinernde Kochkunst benötigte (AGOSTINI / *Zu Gast in Venedig*, S. 8 ff.).

Im späten zwanzigsten Jahrhundert entwickelte sie schließlich noch einmal eine letzte Neuerung: die Präsentation ihrer traditionsgesättigten Geschmackskulturen im Kleinen, allen Mitbürgern (in fast demokratischem Sinn) zugänglich und ein Entrée für die vielen Besucher und Gäste, die auf diesem Weg die venezianische Esskultur zum ersten Mal kennenlernen.

Ich selbst besuche das *Al Bottegon* mit den wunderbaren *Cicchetti* Alessandra De Respinis nun seit über vierzig Jahren. Inzwischen aber verstehe ich gut, worüber die kleinen Trinkrunden draußen am *Rio di San Trovaso* und drinnen, vor den hohen Regalen mit Weinflaschen, sich unterhalten. Anfangs mag noch von dieser oder jeder Stadtneuigkeit die Rede sein. Spätestens aber dann, wenn einer aus der Runde sein erstes *Cicchetto* verzehrt, beginnt immer von neuem jenes liebevolle und betörte Sprechen, dem Michel de Montaigne noch so verständnislos lauschte: »Was hast Du gewählt? Thunfisch mit einer scharfen Salsa? Ah, einige Balsamicoperlen begleiten die Schärfe! Und das kleine Salatblatt – Alessandra zupft sie perfekt zurecht – es sieht aus wie ein hellgrüner Spitzenkragen für das dunkle Thunfischmassiv …«

Begleitende Lektüren

PINO AGOSTINI: *Zu Gast in Venedig. Die Kultur der venezianischen Küche.* München 1991

Arte della cucina. Libri di ricette. Hrsg. von EMILIO FACCIOLI. Milano 1966

MICHEL FOUCAULT: *Ästhetik der Existenz. Schriften zur Lebenskunst.* Frankfurt / Main 2007

STEPHEN MENNELL: *Die Kultivierung des Appetits. Die Geschichte des Essens vom Mittelalter bis heute.* Aus dem Englischen von Rainer von Savigny. Frankfurt / Main 1988

MICHEL DE MONTAIGNE: *Essais.* Erste moderne Gesamtübersetzung von Hans Stilett. Erstes Buch. Frankfurt / Main 1998

RUSSELL NORMAN: *Die venezianische Küche.* Aus dem Englischen von Helmut Ertl. München 2013

HANNS-JOSEF ORTHEIL: *Venedig. Eine Verführung.* Berlin 2016

PETER PETER: *Kulturgeschichte der italienischen Küche.* München 2006

BARTOLOMÄUS PLATINA: *Von der eerlichen zimlichen auch erlaubten Wolust des leibs* […] Augsburg 1542, [Faksimile-Ausgabe] Leipzig 1982

BARTOLOMEO PLATINA: *De honesta voluptate et valitudine. Un trattato sui piaceri della tavola e la buona salute.* Hrsg. von ENRICO CARNEVALE SCHIANCA. Firenze 2015

ENRICO CARNEVALE SCHIANCA: *La cucina medievale. Lessico, storia, preparazioni.* Firenze 2011

Rezepte, sortiert nach ihrer Hauptzutat

Impressum

ISBN 978 3 87162 110 9

Gesetzt aus der MT Joanna Nova
Druck Beltz Grafische Betriebe,
Bad Langensalza

Satz & Reihenkonzept de Jong Typografie, Essen
Titelmotiv philipimage / iStockphoto.com
unter Verwendung von
Vignetten von Roberta Boncompagni

*Bibliographische Information der
Deutschen Nationalbibliothek*
Die Deutsche Nationalbibliothek
verzeichnet diese Publikation
in der Deutschen Nationalbibliographie:
detaillierte bibliographische Daten
sind im Internet abrufbar unter
http://dnb.dnb.de

www.dvb-mainz.de
dvb-mainz@t-online.de
Beuthener Straße 17
D-55131 Mainz